엄마, 야구장 가자!

엄마, 야구장 가재!

초판 1쇄 인쇄 2026년 3월 5일
초판 1쇄 발행 2026년 3월 15일

지은이 • 안지원
발행인 • 강혜진
발행처 • 진서원
등록 • 제 2020-000059호 2020년 3월 6일
주소 • (03938) 서울시 마포구 동교로 44-3 진서원빌딩 3층
대표전화 • (02) 3143-6353 | **팩스** • (02) 3143-6354
홈페이지 • www.jinswon.co.kr | **이메일** • service@jinswon.co.kr

편집진행 • 박유진 | **마케팅** • 강성우, 박준희 | **경영지원** • 지경진
표지 및 내지 디자인 • 디박스 | **인쇄** • 보광문화사

ISBN 979-11-93732-32-8 13690
진서원 도서번호 26001
값 20,000원

엄마, 야구장 가자!

**스마트폰에서 아이를 건져낸
1배속 육아 솔루션**

안지원 지음

진원

언젠가 사춘기가 우리를 갈라놓을지라도

나는 다정다감한 엄마도 아니고, 말을 친절하게 하는 엄마도
아니다. 아들을 제일 많이 울리는 사람도 나고, 아들과 하루에도
몇 번씩 티격태격하는 사람도 나다. 나를 약 올리는 아들에게 똑
같은 잔소리를 반복하는 사람도 나, 참고 참다가 결국 소리를 지
르는 사람도 나다.

그런 우리가 사이좋을˚때가 있다. 야구 이야기를 할 때다. 두산
베어스 팬인 나와 LG 트윈스 팬인 아들이 두산 대 LG 시합을 볼
때를 제외하고는 응원도 같이 하고, 모르는 선수가 있으면 서로 설

명해 주고, 이해가 안 되는 상황이 있으면 왜 저렇게 했는지도 알려준다. 처음에는 내가 분명히 더 많이 알았는데 어느 순간 아들이 나보다 더 많이 알고 있다.

원래는 엄마, 아빠가 아들보다 모르는 것이 없었는데 이제는 아들이 더 잘 아는 것이 생기니까 대화의 흐름도 달라지고 아들이 부모와의 대화에서 예전보다 더 재미를 느끼고 있다. 확실히 아들이 좋아하는 야구 선수에 관해 묻는 대화가 수학 학원 선행 진도를 묻는 대화보다 훨씬 재미있다. 아들이 친구들과 야구를 하다 보니 야구 시즌이 아닌 시기에도 우리는 매일 야구 이야기를 한다.

야구를 하면서 아들이 많이 성장했다. 야구 실력도 늘었고, 외동이라 집에서는 배울 수 없는 것을 야구를 하면서 자연스럽게 배우고 있다. 잘하는 법, 못했을 때 혼나는 법, 겸손의 중요함, 함께 하는 기쁨도 배웠다.

덕분에 엄마인 나도 성장했다. 나는 귀찮음을 무릅쓰고 조금 더 아날로그적으로 아들을 키우려고 노력하게 되었다. TV로 야구 중계 하이라이트를 보는 대신 야구장을 직관하는 재미를 느끼게 해 주고 싶어 야구장을 자주 다니게 되었다. TV 중계 하이라이트에서는 경험할 수 없는 느리고 지루한 순간을 아들이 자연스럽게 익히기를 바라면서. 또 아들 친구들과도 학원 이야기 말고도 나눌 수 있는 이야깃거리가 생겼다.

"아줌마, 도현이가 야구 잘해요, 지안이가 야구 잘해요?"
"단우야, 지안이나 도현이한테 직접 물어봐."
"둘 다 대답을 안 해 줘요. 도현이는 LG 트윈스 팬이라고 하던데요, 저는 기아 타이거즈 팬이에요."
"그렇구나. 아줌마는 두산 베어스 팬이야."

지금 이런 식의 대화가 오고간다면 언젠가 사춘기가 우리를 갈라놓을지라도 아들과 같이 야구장은 갈 수 있지 않을까. 이런 생각을 하던 차에 매일 블로그에 올리는 나의 일기를 읽어주시는 해자 언니께서 제안을 하셨다.

"도현이랑 야구장 가는 거 보고 '부럽다, 괜찮네, 나중에라도 아들이랑 할 이야기 많겠다.' 싶어요. 남자아이 중에 야구를 좋아하지 않는 아이는 없잖아요. 처음에는 엄마, 아빠에게 이끌려서 야구장에 갔다가 아들도 좋아하게 되고, 나중에는 온 가족이 다 같이 야구 팬이 되고. 그게 추억이고, 끝까지 남는 재산이죠. 이참에 블

로그에 쓰는 일기를 책으로 내보면 어때요?”

　상상만 해도 신나는데? 가만 보자. 나랑 아들이랑 평소에 야구를 어떻게 즐기고 있던가. 거기서부터 시작해 볼까.

목차

 왜 야구장에 가냐면요

4부　우리가 알아야 할 모든 것은 야구에서 배웠다

1부

—

왜 야구장에
가나면요

중계방송을 보면 편한데
왜 야구장까지 가요?

야구 경기를 보는 방법은 두 가지가 있다. TV 중계방송을 보는 방법과 직접 야구장에 가서 보는 방법.

TV 중계방송을 보면 쾌적하고 편하다. 볼인지 스트라이크인지도 잘 보이고 전문가의 해설도 함께 들을 수 있다. 선수에 대한 분석도 들을 수 있고, 느린 화면으로 방금 친 안타를 다시 볼 수도 있다.

햇볕이 쨍쨍 내리쬐는 한여름의 야구장에서, 그것도 잠실야구장 3루 자리 주말 오후 2시 시합이라면, 내가 도대체 왜 여기에 와서 앉아있는지 후회부터 하고 시합을 보기 마련이다. 에어컨을 빵빵하게 틀어놓고 집에서 편하게 보면 되는 것을. 홈팀을 응원하는 1루 자리는 그래도 좀 낫지, 한여름에 3루 자리에서 응원하면 고문이 따로 없다. 강한 여름 햇살이 얼굴에 그대로 내리쬐면 눈을 못 뜨겠고 땀이 줄줄 흐른다. 앉아서 봐야 하니 엉덩이에도 땀이 찬다. 부채, 선풍기, 쿨링 시트를 아무리 활용해 봐도 결국 덥다. 시원한 맥주도 세 번째 모금부터는 미지근하다. 포스트 시즌으로 넘어가는 초가을은 또 어떠한가. 춥다. 내가 응원하는 팀이 긴팔을 입을 때까지 시합을 한다는 사실은 기쁘지만, 바람이 매섭게 불거나 온도가 확 떨어지는 늦가을에 야구장에 앉아있노라면 참 춥다.

이렇게 하나하나 따지면 야구를 직관하러 갈 이유가 전혀 없어 보인다. 그런데 대부분의 야구팬은 직관을 좋아한다. 나 또한 직관을 좋아한다. 도대체 왜?

조성진의 폴로네이즈 연주를 유튜브로 들을 수도 있지만 직접 공연장에서 감상하고 싶은 마음이랄까? 꼭 사고 싶은 옷을 웃돈 주고 쉽게 살 수도 있지만 몇 날 며칠 오픈런한 끝에 구하고 싶은 기분이랄까? 직관을 가기로 결정하고 일주일 전 오전 11시에 오픈되는 티켓팅에 성공하는 순간부터 괜히 이긴 기분이 든다. 경쟁을

뚫고 티켓팅에 성공한 짜릿함. 어떤 유니폼을 입고 갈지 고민하고, 그날 선발이 누구일지 확인하고, 야구장에서 무엇을 먹을지 미리 고민하면서 소풍 가기 전날처럼 설렌다.

"폭염주의보라는데 굳이 애 데리고 갈 거야?"
"응!"

폭염 할아버지도 우리를 막을 순 없지. 아들이랑 야구장에 가려고 지하철을 타러 가는 발걸음부터 즐거움이 가득하다.

"세상 사람들, 우리 오늘 두엘전(두산 베어스와 LG 트윈스의 경기. 두산 베어스의 홈경기.) 보러 가요!"

아들이랑 야구장에 간다고 자랑하면서 가고 싶은 마음이 가슴 깊숙한 데서 올라온다. 아들이 서울대에 합격하면 SNS에 자랑하고 싶은 마음이랑 약간 비슷하다. 좀 오버인가? 적어도 나는 그렇다. 그만큼 신난다. 아들이랑 손잡고 9호선을 타러 내려가는 길, 퇴근길 9호선을 타야 하는 두려움, 무사하게 잠실야구장까지 도착한 뿌듯함, 야구장에서 무얼 먹을지 고민하는 즐거움을 고스란히 느낀다.

야구장에 들어서고 자리를 찾아 계단을 올라가고 직원분께 티켓을 보여드리고 눈앞에 펼쳐진 초록색 야구장을 보면 마음이 탁 트인다. 오늘 해야 하는데 귀찮아서 미뤘던 일, 두세 번 꼬고 또 꼬아서 쓸데없이 마음에 담아두었던 불편한 감정, 왜 나는 쉬운 게 하나 없는지에 대한 불만, 내 마음속에 있던 모든 부정적인 생각이 한꺼번에 다 사라진다. 지금 중요한 건 우리 팀의 승리뿐이고, 내가 해야 할 일은 응원뿐이다. 응원가에 맞춰 열심히 율동을 하고 신나는 마음으로 우리 팀의 승리에 기원하는 역할 말고 나에게 주어진 건 없다. 지금 제일 중요한 건 이 순간을 즐기는 것뿐이다.

중계방송에서는 느낄 수 없는 현장의 열기, 상대 팀의 야유, 우리 팀의 응원, 이닝 사이의 광고, 팬들을 위한 이벤트, 응원석에서 쉴 새 없이 나오는 함성까지 모르는 사람들과 함께 분노, 슬픔, 즐거움이라는 인간의 기본적인 감정을 공유하는 이 순간이 주는 힘이 분명히 있다. 전광판에 우리가 잡히기라도 하면 신나는 감정은 배가 된다. 아들한테 물어봤다.

"도현아, 너는 야구를 집에서 TV로 보는 게 좋아? 야구장에 가서 보는 게 좋아?"

"야구장에 가서 보는 게 좋아."

"왜?"

"응원을 할 수 있으니까."

"집에서 보면 편하잖아."

"집에서 보면 무서워."

"뭐가 무서워?"

"우리 팀이 질까 봐 무서워. 야구장에서 보면 다른 사람들이랑 응
원을 하면서 볼 수 있으니까 우리 팀이 져도 무섭지 않아."

　

나도 집에서 야구를 보다가 내가 응원하는 팀이 질 게 뻔하면
채널을 돌려 다른 팀 경기를 본다. 그러면서 '내가 채널을 돌린 사
이에 혹시 역전하지는 않을까?' 하는 기대를 하는데 역시나 그런
경우는 드물다. 채널을 돌릴 때의 나의 마음을 그때까지 나도 잘
몰랐다. 그 마음이 질까 봐 무서운 마음이라는 걸 아들 덕분에 알
았다. 야구를 좋아한다면 아마 이 마음을 알 거다. 내가 응원하는
팀이 지는 경기를 TV 중계로 보면 섭섭하다.(솔직히 말하면 욕 나온
다.) 야구장에 직관 가서 내가 응원하는 팀이 지면 좀 다르다. 그
순간에 나온 안타, 분명히 전광판 아래쪽에 있었던 중견수가 미친

듯이 달려와서 잡아준 그림 같은 ◆아웃카운트, ◆잔루 만루의 아쉬움, 역전 당했을 때 내뱉었던 한숨, 점수가 났을 때 다 같이 불렀던 응원가의 여운, 그 생생함이 기억에 더 남는다. 승패보다는 내가 시합 중 경험한 여러 감정이 더 강하게 남는다.

TV 중계는 정확하고, 직관은 생생하다. TV 중계는 정보가 많고, 직관은 감각에 압도된다. TV 중계는 분석적이고 객관적이지만, 직관은 그 날 내 감정에 따라 주관적이다. 직관은 그날의 감정, 계절과 온도, 그때 같이 갔던 사람, 함께 응원하며 신났던 마음이 다 섞여 오래 남는다.

p. s. 언젠가는 조성진의 폴로네이즈를 직관할 수 있기를 바라며.

◆ 한 이닝에서 공격 팀이 기록한 아웃의 수. 3이 되면 공수 교대가 이루어진다.
◆ 잔루는 야구에서, 3아웃으로 이닝이 끝난 상황에서 누상에 남아있는 주자들을 이르고 만루는 야구에서, 1루, 2루, 3루 모두에 주자가 있는 상태.

유니폼도 입지 않고 야구 보는 건
우리가 용납 못 해

난생처음 친구들을 따라 야구장에 간 날이었다. 나는 당연히 유니폼도 응원 도구도 없었다. 그냥 야구만 보면 되는 거 아닌가 싶었는데 친구들이 유니폼을 꼭 입어야 한다고 했다.

"몇 번 입지도 못할 거, 비싸게 돈 주고 사기 싫은데?"

"유니폼도 입지 않고 야구장에 오는 거 너무 없어 보여."

"좀 없어 보이면 어떤데? 생각보다 비싸서 사기 싫어."

"네가 사기 싫으면 우리가 사줄게. 유니폼도 입지 않고 야구 보는 건 우리가 용납 못 해.”

결국 나는 그날 친구들이 사주는 두산 베어스 유니폼을 입고 모자를 쓰고 야구를 봤다.

“유니폼 없이 야구를 봐도 아무렇지도 않은데 왜 다들 유니폼을 입
  고 보냐?”
“야구 시합만 보려면 집에 있지, 왜 직관을 오겠냐? 피자에 소주 먹
  고 치킨 먹고 유니폼에 마킹하면서 돈 쓰는 재미로 오는 거지. 야
  구장에 오다 보면 너도 알게 될 거야.”

그렇게 시간이 흘러 처음 아들과 야구장에 간 날이었다. 남편이랑 나랑 아들까지 다 같이 유니폼을 맞춰 입고 모자까지 맞춰 쓰고 갔는데 그것만으로도 신났다. 30년 동안 다른 인생을 살아서 교집합을 찾기가 힘든 어른과 아직 말도 제대로 못하고 36개월도 채 안 되어서 야구장 자리 값을 내지 않아도 되는 유아와 공통의 분모가 있다는 것이 신났다. 나이도 다르고, 고향도 다르고, 성별

도 다르고, 취향도 다른데 공통으로 좋아하는 것이 있다는 게 얼마나 신나던지. 심지어 그때는 우리 셋 다 두산 베어스 팬이었다.

부모라면 다들 이런 경험이 하나쯤은 있을 거다. 아이 옷을 유난히 귀엽게 입힌 날이나 아이랑 똑같이 옷을 맞춰 입은 날에는 사람들이 지나가면서 "어머, 귀엽다."라고 이야기 해주는 경험. 나는 아들과 같이 두산 베어스 유니폼을 입고 걸어갈 때 제일 많이 경험했다.

"어머, 어머, 아기가 두산 베어스 팬이에요?"
"귀엽다!"

결혼한 친구들은 불편하더라도 늘 결혼 반지를 끼고 다닌다. (다들 다이아몬드가 좀 크더라고, 남편?) 미국 드라마를 봐도 결혼한 사람은 꼭 반지를 끼는데 그건 "나 결혼했어요."를 알려주기 위함이 아니던가.
내가 응원하는 팀의 유니폼을 입는 것도 비슷한 결이다. 결혼 반지를 네 번째 손가락에 끼는 것처럼, 야구장에 갈 때는 내가 응원하는 팀의 유니폼을 입어서 굳이 말로 설명하지 않아도 내가 어떤 팀의 팬인지 알려주는 예의라고나 할까?

"저는 두산 베어스 팬이에요."
"저는 LG 트윈스 팬입니다."
"우리는 가족이지만 야구팀까지 합치지는 못했어요."
"저는 정수빈을 좋아해요."

직관을 가면 보통 내가 응원하는 팀의 홈경기에 가게 된다. 이왕 야구장까지 간 거 카메라에도 잡혀보고, 같은 팀을 응원하는 사람들이랑 응원가도 같이 불러보기를 권한다. 그 분위기를 제대로 즐기려면 유니폼이 필수다. LG 트윈스 홈경기에서 아무리 1루자리에 앉아도 두산 베어스 유니폼을 입은 팬을 카메라가 잡아주지는 않으니까.

LA 다저스 경기를 보러 갔을 때였다. 2025년 4월 28일 LA 다저스 홈경기 시구자가 무라카미 다카시였고, 그걸 기념하여 무라카미 다카시와 LA 다저스의 콜라보레이션 티셔츠를 판매하고 있었다. 함께 가기로 한 친구가 이건 꼭 사야 한다며 온라인 구매 링크를 보내주었다. 나는 남편이랑 아들이랑 셋이 같이 입으면 예쁘겠다 싶어서 주문했다. 그러다 무라카미 다카시의 티셔츠를 받기 전에 야구장에 가게 되었고, 내 친구를 우연히 같은 날, 같은 야구장에서 만나게 되었다. 우리 가족은 LA 다저스 경기를 보러 무려 한국에서 LA까지 갔음에도 아들만 유니폼을 입었는데, 친구의 가족은 머리끝부터 발끝까지 LA 다저스 스타일로 꾸미고 왔다. 친구가 LA 다저스 머리띠를 했길래 어디서 구했느냐 물어봤더니 아마존에서 샀다고 했다. 친구는 네일 아트도 LA 다저스 스타일로 하고 왔다. 그날 친구네 가족이 전광판에 계속 잡혔다. 덕분에 같이 앉아있던 우리 가족도 같이 잡혔다.

전광판에 잡히는 일이 어떻게 생각하면 별거 아닐 수 있다. 그런데 막상 잡히니 정말 신났다. 잡힐 때마다 옆자리 사람들과 같이 열광하고 나중에는 에어드롭으로 사진도 주고받았다. 내가 카메라맨이어도 LA 다저스 느낌 물씬 나는 팬을 위주로 찍을 것 같다는 생각이 들었다.

그다음 LA 다저스 경기를 보러 갈 때는 남편이랑 아들이랑 나랑 셋이 무라카미 다카시의 유니폼을 맞춰 입고 갔다. 무려 다섯 달이나 걸려서 배송받은 무라카미 다카시 유니폼이었다.

이렇게 입고 가니까 야구장에서 "너희 티셔츠 예쁘다", "이거 어떻게 샀어? 바로 솔드아웃되어서 나는 못 샀는데?"라며 주변 사람들이 말을 걸었다. 한참 야구를 보고 있는데 전광판에 어디서 많이 본 핑크색 바지가 보여서 봤더니 나였다. 우리 가족이 전광판에 나온 거였다. 우리가 전광판을 보면서 좋아하니까 옆자리 사람들도 같이 호응해 주고 좋아해 줬다. 남편도 아들도 신기해 했다. 아들은 엄마가 별걸 다 잘 안다고 생각했을지도 모르겠다. 내가 이렇게 셋이 유니폼을 맞춰 입고 가면 전광판에 우리 가족이 나올 거라고 말했었으니까.

친구들과 다 같이 교복을 입고 학교 다녔던 시절이 있었다. 다 똑같이 입는 교복에 조금이라도 멋을 부리려고 치마를 두세 번 접어서 무릎 위로 짧게 입거나 셔츠 위에 카디건을 하나 더 입거나 학교에서 신지 말라고 했던 닥터마틴에 폴로 양말을 신던 시절. 그때는 소중한 줄 몰랐는데 지나고 보니 누군가와 같은 옷을 입고 같은 공간에서 같은 고민을 할 일이 교복을 벗은 뒤에는 없었다. 어렸을 때는 빨리 교복을 벗고 어른이 되고 싶었는데 막상 어른이 되어보니 뭔가에 책임을 지지 않아도 되고 심각하지 않아도 되고 주어진 대로 살고 시키는 것만 잘하면서 꿈을 꾸던 어린 시절이 참 그립다. 그래서인가? 야구장에 같은 팀 유니폼을 입은 사람들을 보면 교복을 벗기 전, 오래전 그날이 생각난다.

p. s. 그리하여 윤종신 오빠가 부릅니다. '오래전 그날'.

한국 시리즈 암표가 999만 원이라고요?
(ft. 왕초보 야구 티켓 예매법)

아들과 내가 매일 야구하느라 밖에 있다고 하니 친정엄마가 한마디 하셨다.

"야, 너 도현이 앞으로 야구 선수 시킬 거 아니지? 그런 거 하는 거 아니다. 괜히 옆에서 아이가 재능있다고 부모 마음 흔들어 놓고 돈 뜯어낼 거다. 그런 집이 얼마나 많은지 모르니? 그냥 취미로만 시켜라."

"엄마, 요즘 같은 세상에 돈 달라고 하는 사람들이 어디 있어? 그런 세상 아니야."

"너는 내가 말만 하면 아니라고 하는데, 세상 쉽게 변하지 않는다."

친정엄마 잔소리에 설마 하면서도 한편으로는 내가 너무 모르는 건지, 요즘 같은 세상에 아직도 그런 일이 있는지 싶었다. 그러면서 친구들한테 물었다. 요즘 그런 무식한 사람들이 어디 있느냐고.

"그런데 안지야, 우리 동네에 아이에게 야구 시키는 분이 계시는데 야구단을 집이랑 먼 동네로 바꾸셨더라고. 왜 바꾸셨냐고 물어봤더니 감독이 자꾸 돈을 달라고 하고, 돈을 준 기준으로 라인업을 짜는 게 기분 나빠서 바꿨다고 하더라. 어차피 어린애들은 타고난 애 한두 명 빼고는 다 실력이 고만고만해서 승패에 영향을 크게 끼치지도 못한다며, 따로 금일봉을 챙겨주는 집 애들부터 기회를 주는 문화가 있다던데?"

아들이 어린이집 다닐 때 일이다. 어린이집 선생님들께서는 커피 한 잔도 절대로 받지 않으시고, 그대로 돌려보내고는 하셨다.

스승의 날이 가까워오자, 감사의 표현을 어떻게 해야 할지 부모님들끼리 상의했었다. 그리고 의논 끝에 우리는 편지를 써드리기로 했다. 아직 한글을 잘 쓰지 못하던 아이들에게 선생님 성함을 그림 그리듯이 그리라고 알려주었다. 가정마다 집에서 편지를 쓴 다음에 그걸 모아서 큰 편지지에 붙여서 드렸었다. 마음을 담은 편지 선물을 드리며 얼마나 기분이 좋았는지 모른다. 생각해 보면 감사하는 마음을 표현하기에 돈처럼 쉬운 게 없지만 돈만큼 오해를 사는 일도 없다. 요즘 세상은 그런 문화를 없애려고 지향하고 있으니, 나부터 돈으로 해결하려는 방법을 지양해야 하지 않을까.

언젠가부터 야구장 티켓 구매의 난이도가 많이 올라갔다. 분명히 야구장 티켓을 사는 게 예전에 비해 힘들어졌는데, 아이러니하게도 암표는 쉽게 살 수 있게 되었다. *한국 시리즈 티켓이 999만 원에 팔렸다는 이야기를 듣고 얼마나 놀랐는지 모른다. 아니다, 한국 시리즈까지 갈 필요도 없다. 포스트 시즌 티켓도 만만치

♦ 한국 KBO(Korea Baseball Organization) 리그의 챔피언을 가리는 결승전.

않다. 직관의 묘미를 안다면 웃돈을 주고서라도 가고 싶은 마음, 잘 안다.

작년에 회사 동료와 함께 어떻게 하면 암표상처럼 야구 티켓을 예매할 수 있는지 이야기한 적 있다. 아무리 생각해 봐도 암표상들이 어떻게 표를 구입하는 지는 모르겠더라.

"로그인하면서 랜덤으로 나오는 자동 입력 문자까지 매크로로 돌릴 순 없겠던데?"
"일단 로그인까지는 해두고, 취소 표가 나오면 그 취소 표를 잡는 게 승산이 있지 않을까? 취소표가 나오면 예매 가능한 좌석으로 변경이 될 테고, 그러면 선택 가능한 좌석을 클릭할 수 있도록 프로그램을 만들면 되지 않을까?(네, 전산 용역들은 이런 대화를 합니다.)"

2025년, 야구의 열기는 정말 뜨거웠다. 그만큼 야구장 티켓 구하기가 하늘의 별 따기였다. 원래 리틀야구단 선수들 단체 관람은 웬만하면 해준다고 들었는데 주말 경기도 아닌데 과열 경기로 지정되어 해줄 수 없다는 답변만 받았다.

암표가 활개를 칠수록 한국 야구와 야구팬들의 피해는 커질 수밖에 없다. 암표를 없애는 방법을 찾아 개선해야 한다. 암표상도 나쁘다. 정가로 티켓을 샀으면서 몇 배씩 웃돈을 붙여서 팔다니. 암표를 팔지 말라고 경고하는데도 불구하고 파는 건 잘못된 행동이다. 게다가 암표임에도 불구하고 구매하는 사람이 있고, 암표상들은 거기서 돈을 벌기 때문에 암표상들이 계속 활개를 친다. 암표 벌금을 더 세게 물리거나, 암표 여부를 지금보다 더 면밀하게 확인한다면 암표상들에게 경고할 수 있을 거다.

그런데 근절까지 가능할까? 그건 어렵다. 수요가 있어서 공급이 있는 거니까. 암표를 파는 사람은 물론이고 암표를 사는 사람에게도 벌금을 물려야 한다. 아무도 암표를 사지 않으면 암표는 존재의 이유가 사라진다. 진심으로 야구를 좋아한다면, 암표를 사서라도 직관을 가려고 하는 생각이 바뀌어야 한다. 한국 시리즈 티켓을 999만 원에 사고파는 건 말도 안 된다.

예전에는 촌지를 받는 선생님들이 많았다. 촌지를 받는 선생님들도 나빴지만, 촌지를 주는 부모님들이 더 나빴다. 받는 사람 입장에서 돈을 마다할 이유는 없으니까. 촌지가 아이를 위하는 마음에서 비롯되었지만 잘못된 방법이었듯, 야구를 사랑한다면 직관을 못하더라도 암표를 사려는 마음을 꾹 참았으면 한다.

p. s. 야구장 티켓 가격을 ✦MLB처럼 비싸게 측정하면 암표 문제가 사라지기는 사라질 거다. 대신 티켓 정가가 999만 원이 될 수도 있다.

p. s. 야구 티켓을 예매할 때, 예매사이트에 회원가입 및 로그인은 미리 해두자. 11시 티켓 오픈이면 네이버 시계를 켜놓고 10시 59분 57초 정도부터 클릭할 준비를 하자. 일찍 해도 안 되고 11시 정시에 해도 1~2초 정도 늦을 수 있으니 57초 정도를 추천한다. 야구장 티켓팅을 연습해 두면 나중에 아이들 레벨테스트 신청이나

✦　미국 프로 야구. Major League Baseball 의 약자.

방과 후 수업 신청, 심지어 스타벅스 프리퀀시 기프트 신청할 때도 유용하다. (연습하면 승률이 올라간다. 나도 처음에는 잘 못했는데 하다 보니 승률이 점점 늘었다.)

자동 문자 입력을 하자마자 좌석 예매하는 단계로 넘어가면 좌석을 고르지 말고 자동 배정으로 선택하면 승산이 높다. 어떤 분들은 인터넷 속도가 더 빠른 PC방에서 하는 것이 낫다고도 하시고 모바일 접속이 더 낫다고도 하신다. 예매사이트에서 PC와 모바일 비율을 어떻게 풀지 모르겠으나, 나는 PC로 예약하는 게 더 승산이 좋았다.

결제 방식도 미리 등록해 놓으면 좋다. 정규 시즌 평일 경기는 원하는 좌석을 선택하면서 예매해도 승산이 있으니 미리 연습해 보자. 주말 잠실야구장 두산 베어스 대 LG 트윈스 전의 경우는 정규 시즌이어도 예매가 치열하니 이때도 연습 삼아 해보면 좋다.

p. s. 깨끗한 야구장 관람 문화를 만들어 가자.

과정도 중요하지만,
결과도 참 중요하지

《비트》라는 영화가 있다. 고소영 배우가 공부를 아주 잘하는 학생으로 나온다. 고소영 배우가 정우성 배우에게 대신 야구장에 가서 시합을 보라고 한다. 그런 다음, 성적을 경쟁하던 친구에게 그날 공부를 하지 않고 야구장에 간 척을 하면서 정우성 배우가 알려 준 시합 내용을 그대로 친구에게 말하는 장면이 있다. 그 친구는 '나는 공부만 죽어라 했는데, 쟤는 주말에 야구장도 가놓고 나보다 공부를 더 잘하는구나.'라고 생각하며 고소영 배우 눈앞에서 자살해 버린다.(ㅠㅠ) 요즘 20대는 잘 모르겠지만, 내가 10대이던 당시 야구는 최고의 유흥이자 스포츠였다.

야구 용어나 규칙을 잘 몰라서 아이와 야구장에 가기가 망설여질 수 있다. 사실 기본적인 규칙만 알고 가도 충분하다. 나도 처음에 아무것도 모르고 야구장에 갔고, 친구가 알려 준 기본적인 규칙만으로 재미있게 볼 수 있었다. 처음부터 야구를 모두 이해하면서 보면 더할 나위 없이 좋겠지만, 함께 그 시간을 누리면서 관람하는 것이 아이에게는 더 오래 기억에 남을만한 추억이 될 수 있다.

언젠가 LG 트윈스 팬인 정승재 선생님께서 안타의 정의에 관해 설명하신 적 있다. 정승재 선생님이 설명하신 안타의 정의는 '투수가 던진 공을 쳐서 바운드 없이 잡히지 않을 경우, 공이 1루로 오는 시간보다 타자가 더 빨리 도착하는 것을 안타.'라고 한다고 하셨다. 안타는 치면 좋은 것, 안타의 ◆여사건은 아웃, 1루타도

◆　확률론에서 어떤 사건이 일어나지 않을 사건을 뜻한다.

안타이고 2루타도 안타이고 3루타도 안타이며 홈런도 안타라고 하셨다.

틀린 설명은 아니다. 선생님의 설명이 너무 어려워서 몇 번을 돌려보다가 한참을 웃었다. 야구의 규칙을 이해하는 것도 중요하지만, 어차피 제대로 완벽하게 이해하고 가기는 어려우니 즐길 정도로만 알고 야구장에 가도 충분하다.

공을 던지는 사람은 '투수', 공을 치는 사람은 '타자', 타자 뒤에 앉아있는 사람은 '포수'. '1루', '2루', '3루', '홈'이 있는데, 홈에서 시작해서 다시 홈으로 주자가 들어오면 점수가 난다. 타자가 공을 잘 쳐서 수비수들이 그 공을 잡지 못하면 타자는 베이스를 하나씩 밟을 수 있다.

투수가 공을 던질 때는 '볼'과 '스트라이크'를 알면 된다. 볼은 치기 어려운 볼, 스트라이크는 치기 쉬운 볼(네모 안에 잘 들어온 볼)이다.

투수가 스트라이크를 3개 던졌는데 타자가 치지 못하면 아웃이다. 타자가 공을 쳤는데 공이 땅에 닿기 전에 수비수에게 잡혀도 아웃이다.

홈팀이 먼저 수비를 하고 총 9회 진행한다. 축구처럼 시간이

정해져 있지 않아서 시작하는 시간은 알고 갈 수 있지만 끝나는 시간은 정확하게 알 수 없다. 이 정도만 알고 봐도 즐기기에는 충분하다. 시합을 보고서 궁금한 것이 생기면 그때 하나씩 찾아보면 된다. 모든 규칙을 이해하려고 애쓸 필요는 없다. 나도 아직도 모르는 규칙이 많고, 가끔 시합을 보다 보면 선수도 헷갈리는 경우가 있다. 지금 저 타이밍에 왜 타자가 번트를 댔는지, 잘 던지고 있는 투수는 왜 갑자기 교체하는지는 시간이 지나면 다 알게 된다.

시중에 나와 있는 재테크 책을 보다 보면 야구 이야기가 많이 나온다. 미국 부자들이 쓴 재테크 책을 보면 재테크를 야구로 설명하는 표현이 많이 나온다. 왜 그럴까. 주식도 야구처럼 기다림의 영역이고, 흐름과 타이밍이 중요하기 때문이지 않을까. 주식에서 많이 써서 익숙한 야구 용어의 의미를 되짚어봐도 야구가 조금 더 친근하게 느껴질 수 있다.

예를 들어, 보유하고 있는 주식의 수익률이 100%가 넘으면 '1루타'라고 표현한다. 200%가 넘으면 '2루타'라고 표현한다. 4루타 이상이면 사람마다 다르지만 보통 '홈런'이라고 한다.

야구 경기를 보다 보면 일단 출루 자체를 하는 것이 중요하다. 그러다 보니 남의 실수든 행운이든 몸에 맞든 무조건 1루로 나가는 것이 소중하다. 그리고 1루로 나갔으면 어떻게든 2루로 가는 것이 중요하다. 홈런을 쳐서 점수를 내면 좋겠지만 안타를 쳐서 점수를 내도 좋고, 안타 하나 치지 않고 몸에 맞고 볼넷으로 걸어 나갔다가 상대 실책으로 한 베이스 더 나가서 점수를 내도 점수는 똑같은 점수다.

주식도 마찬가지다. 하나의 큰 홈런으로 점수가 나면 물론 좋겠지만 꾸준하게 1루타, 2루타 등의 안타를 내서 점수를 내는 것도 좋다.

과정이 중요한 일이 있고 결과가 중요한 일이 있다. 결과만 종용하는 사회라고들 하지만, 과정만 중요하다고 하면 "회사는 학교가 아닙니다. 성과를 보여주세요."라는 소리를 듣는다.

이걸 인생에 대입시켜 보면, 인생이야말로 언제 상대방의 실책이 나올지 모르는 노릇이고, 내가 언제 부상 당할지 모르는 일이다. 내가 타자라면 안타를 치려고 최선을 다할 것이고, 기회가 오면 홈런을 노려보다가 가끔 볼넷으로 쉽게 나가는 순간도 생길 테지. 어떤 날은 달리기도 빠르지 않은데 도루에 성공해서 베이스 하나 나가는 날도 오겠지. 그럼 좋은 결과가 나오는 것이다.

그렇다면 아무런 연습 과정도 없이 안타를 칠 수 있는 실력, 도루를 할 수 있는 빠른 발, 세련된 번트를 칠 수 있는 센스가 나올까? 그건 또 아니겠지. 그러니까 과정이나 결과만 기대할 것이 아니라 둘 다 같이 두루두루 잘 신경 써야 하는 거겠지.

과정도 중요하지만 결과도 중요하다는 걸 신나게 지켜볼 수 있는 것이 야구가 아닐까.

p. s. 그러므로 아이랑 아직 한 번도 야구장에 가보지 않으셨다면 꼭 한 번 가보시기를.

우아함을 포기하더라도
두 손은 자유롭게

언젠가 친구가 유럽 여행을 간다는 소식을 들었다. 친구는 여행에 샤넬 가방을 가지고 간다고 했다.

"샤넬 가방에 생수가 들어가나? 생수 넣고, 아이 짐 넣으면 그렇지 않아도 무거운 샤넬 가방이 더 무거워지지 않아?"
"물 팔지 않는 곳이 어디 있니? 물은 필요할 때마다 사 마시면 되는걸. 그리고 유럽까지 갔는데 아이 짐을 지고 다니고 싶지 않아. 나도 좀 우아하게 다녀 보자."

친구 말을 듣고 나도 야구장에 갈 때 우아하게 가보고 싶다는 생각이 들었다. 그래서 샤넬 가방을 들고 가봤다. 그게 처음이자 마지막이었다. 일단 그날 들었던 샤넬 가방은 당근으로 팔아서 이제는 없기도 하지만 야구장에 우아하게 가는 건 정말 우아하지 않은 일이었다.

한 15년 전쯤이었던가. 친구가 소개팅 한 남자분과 네 번째 데이트하던 날, 남자분이 서프라이즈로 친구를 야구장에 데리고 갔다고 했다.

"오, 괜찮은데?"

"나는 싫었어."

"왜? 야구장 데이트 재미있지 않아? 야구를 몰라도 남자분이 설명해 주고 그러면서 사랑이 싹트고, 뭐 그런 거 아니겠어?"

"나 그날 실크 원피스 입고 나갔단 말이야. 실크 원피스에 기스라도 날까 봐 계속 신경 쓰여서 야구는 눈에 들어오지도 않더라. 아무리 미리 야구 티켓을 예매했어도 내가 원피스를 입고 나온 걸보면 데이트 코스를 바꿔야 했던 거 아니야? 아니면 미리 이야기를 좀 해 주던가."

나도 비슷했다. 우아하게 샤넬 가방을 들고 야구장에 갔더니 가방에 기스 날까봐 바닥에 던져두지도 못하겠고, 무릎 위에 모시고 보려니 흥이 나지 않았다. 화장실에 갈 때도 들고 다녀야 해서 불편했고, 한쪽 어깨로만 매려니 가방이 생각보다 무거웠다. 가서 다 사 먹고 사 마셔야지 하고 아무것도 챙겨 가지 않았으니 필요할 때마다 사야해서 얼마나 번거롭던지. 생수를 넣으면 가방이 더 무거워져서 가방은 멋으로 들었고, 생수는 손으로 들었어야 했으며 생수만 산 게 아니라 과자도 샀고 치킨도 사서 손이 모자랐다. 치킨을 먹다가도 가방에 기름이 묻을까봐, 물티슈를 가방에서 꺼낼 때도 기름이 묻을까봐, 가방에 치킨 냄새가 배일까봐 신경 쓰였다. 야구장과 어울리지도 않는 가방을 들고 와서 신경 쓰는 내 모습을 아들한테 들킬까봐, 주변 사람들한테 들킬까봐 눈치 보였다. 우아해지려다 거품이 나지 않는 샴푸로 머리 감은 기분만 잔뜩 느끼고 왔다.

　야구를 보러 갈 때는 편한 게 최고다. 나는 야구장에 갈 때 옆으로 매는 에코백을 선호한다. 바지 주머니에 신용카드 한 장, 가방에는 생수와 손수건(물티슈보다 손수건을 선호한다.)이 필수다. 야구장을 자주 가면 사 먹는 메뉴도 물리기 마련이라 야구장에서 팔지 않는 음식을 위주로 싸가는데 최근에는 과일을 많이 싸갔다. 혹시 모르니까 야구공이랑 네임펜도 챙기고, 선글라스도 꼭 챙긴다. 그밖에 휴대 전화, 응원 도구, 유니폼, 야구모자까지. 모든 준비물이 다 가방에 들어갈 수 있어야 하고, 그래서 내 두 손이 자유로워야 한다. 그래야 박수도 칠 수 있고, 한 손으로는 맥주를 들고 한 손으로는 아들 손을 잡을 수 있다. 가방이 쉽게 열리면 물건을 집기는 편한데 나도 모르게 물건이 바닥에 떨어져서 앞자리로 넘어갈 수가 있으므로 입구를 여물 수 있다면 더 좋다.

여름에는 준비물이 조금 늘어난다. 선풍기가 있으면 제일 좋다. 선풍기가 없다면 선풍기 대신 쿨링 시트를 가져가서 더울 때마다 팔을 한 번씩 닦아줘도 좋다. 작은 보냉백에 얼린 생수를 넣어두었다가 더울 때마다 꺼내 얼굴과 팔에 대서 열을 식혀도 좋다.

우아함을 포기하더라도 두 손은 자유롭게 하자. 그래야 야구가 더 잘 보인다.

두린이로 키웠는데 어쩌다가 엘린이가 되었는가

"도현아, 그런데 너 원래 ⬩두린이었잖아?"

"그랬지."

"그런데 어쩌다가 ⬩엘린이가 되었어?"

"글쎄. 기억나지 않아."

◆　두산 베어스 어린이 팬
◆　LG 트윈스 어린이 팬

46

솔직히 나도 언제부터 아들이 엘린이가 되었는지 정확하게 기억이 나지 않는다. 물어볼 때마다 대답이 바뀌는데 가장 유력한 설을 몇 개를 추려 보았다.

1. 엄마가 두산 베어스를 좋아하는데 두산 베어스가 못해서.

"엄마는 내가 엄마 뱃속에 있을 때부터 두산 베어스를 응원하고 나를 두린이로 키우려고 했다고 했잖아. 그런데 한 번 생각해 봐. 나는 두산 베어스를 선택한 적이 없었어. 엄마가 두산 베어스를 좋아하니까 나도 두산 베어스를 좋아한 거지. 엄마랑 두산 베어스 홈경기만 본 적도 있고.

그런데 엄마가 좋아한다고 나도 좋아해야 하는 건 아니잖아. 나는 엄마가 싫어하는 행동도 하고 싶단 말이야. 엄마도 나에게 내가 싫어하는 걸 시키는 것처럼. 그래서 나는 두산 베어스를 좋아하지 않기로 마음먹었어.

한 가지 이유가 더 있어. 엄마는 시합 중에 두산 베어스가 못하면 자꾸 화를 내잖아. 나도 두산 베어스 팬이면 같이 화가 나고. 그런데 만약에 내가 다른 팀의 팬이면 엄마가 화가 날 때 나는 웃을 수 있어. 엄마를 놀릴 수도 있고. LG 트윈스는 잘하니까 내가 LG 트윈스를 응원하면 내가 엄마를 놀릴 기회가 늘어나. 그래서 나는 LG 트윈스 팬이 된 거야."

최근 7년간 두산 베어스와 LG 트윈스의 정규 시즌 성적과 내 일기를 열심히 비교해 봤다. 두산 베어스가 9위를 하던 해부터 아들은 LG 트윈스 팬이 되었던 것으로 추정된다.

두산 베어스 VS. LG 트윈스 역대 정규 시즌 순위 비교표

연도	두산 베어스	LG 트윈스
2019	1위	4위
2020	2위	4위
2021	2위	4위
2022	9위	3위
2023	5위	1위
2024	4위	3위
2025	9위	1위

2. 코치님들이 LG 트윈스 팬이셔서.

"엄마, 코치님이 그러시는데 코치님의 아버지께서 LG 트윈스 코치셨대"

"오, 그러셔?"

아들은 초등학교에 입학하기 딱 1년 전부터 야구단에 다니기 시작했다. 주말 취미반 수업만 다니기는 아쉽기도 했고 유치원이 일찍 끝나는 바람에 학원을 하나 다녔어야 했는데, 마치 운명처럼 유치원에서 10초 거리에 있는 야구단을 발견했었다. 코치님께 인사도 겨우 하고, 물어보면 부끄럽다고 대답도 못 해서 내 속을 뒤집어 놓던 시절이라 엄마가 없을 때 코치님이랑 대화를 하기는 하나 싶었다. 그래서 이때만 해도 코치님과 대화를 하기는 하는구나 정도만 생각하고 지나갔다. 아들의 인생에서 처음으로 야구를 가르쳐주신 분이 LG 트윈스 팬일지라도 두린이인 아들이 흔들리지 않을 거라고 생각했다. 이때가 2022년도였고, 그 해 두산은 9위를 했다.

(2025년 한국 시리즈 2차전날)

"엄마, 오늘 LG 트윈스랑 한화 이글스랑 한국 시리즈 2차전을 했어. LG 트윈스가 이겼어"

"1회부터 한화 이글스가 4점 냈던데? 잘못 안 거 아냐?"

"아니야. 이 코치님이 말씀해 주셨어."

"이 코치님께서는 어느 팀을 응원하시는데?"

"당연히 LG 트윈스를 응원하시지."

아니, 그게, 왜, 당연하지?

3. 엄마의 회사 야구장 회식 때문에.

아들이 내가 근무하는 회사의 어린이집에 다니던 시절, 야구장 회식이 좀 많았다. 아들이 회사 어린이집에 있으니까 퇴근 뒤에 자연스럽게 같이 지하철 타고 회사 분들이랑 잠실야구장에 몇 번 간 적이 있었다. 비가 부슬부슬 내리는 날에는 비를 맞으며 본 적도 있고, 아들이 처음 본 아저씨(아마 우리 팀장님이셨을 거다.)가 아들을 안고 본 적도 있다. 연령대 때문인지는 모르겠으나 나 빼고 회사 분들 모두 LG 트윈스 팬이었다. 그래서 LG 트윈스 홈경기만 봤었는데 이때부터 아들이 LG 트윈스 팬이 될 조짐이 있었을지도.

4. LG 트윈스의 응원가가 좋아서.

3살 난 아들이 처음으로 나랑 단둘이 LA 여행을 갔을 때였다. 여행하는 동안 아들은 야구 응원가를 수백 번 들었다. 뽀로로를 졸업한 후, 야구 응원가를 늘 틀어줬으니까. LG 트윈스 선수의 응원가만 27번쯤 들었던 날도 있다. 아들은 응원가를 들으며 응원가 순서를 외우고, 어느 날부터인가 선수들 등번호까지 외우더니 2020년도 LG 트윈스 응원가 중에 양석환 선수의 노래가 이상하다는 말을 했다. 아들은 "양석환 선수가 LG 트윈스에서 응원가를 이상하게 만들어줘서 두산 베어스로 이적한 것 같다."라며 당시 양 선수의 이적 이유를 나름대로 추측했다. 아들은 양석환 선수의 두산 베어스 응원가를 좋아하면서도, 응원가를 종합적으로 들었을 때는 LG 트윈스의 응원가를 더 좋아했다.

5. 아들 친구들 중에 LG 트윈스 팬이 많아서.

아들 친구들 중에 LG 트윈스 팬이 정말 많다. 내 친구들은 대부분 두산 베어스 팬인데, 아들의 학교 친구들은 대부분 LG 트윈스 팬이고 야구단 친구들도 LG 트윈스 팬이 압도적으로 많다.

"엄마, 내가 원래 두산 베어스 팬이긴 했지만, 최근에 두산 베어스가 너무 못했잖아. 그래서 LG 트윈스 팬이 될까 하고 아주 잠시 고민했었어. 마침 야구단 코치님들이 LG 트윈스 팬이시더라고. 친구들도 대부분 LG 트윈스 팬이고. 내 주변에 몇 명 빼고는 다 LG 트윈스 팬이야. 그렇다 보니 내가 LG 트윈스 홈경기를 많이 가게 되었어. LG 트윈스는 응원가도 진짜 좋더라고. 그래서 LG 트윈스 팬이 된 거야. 그리고 LG 트윈스가 잘하잖아. 그래서 좋아."

뭐, 이런 다양한 이유로 아들은 엘린이가 되었다. 두산 베어스가 잘하면 다시 두린이가 될지도 모르겠다. 아들 말대로 두린이로 키운 건 나의 결정이었지, 아들의 선택이 아니었으므로 존중해야지!

2부

엘린이가 된 아들이 야구를 해요

아들이 야구하고 있어요

오며 가며 인사를 나누는 어머님들이랑 처음으로 대화하다 보면 아무래도 학원 이야기를 많이 하게 된다.

"도현이는 어느 수학 학원에 다니나요? 영어 학원은 어디 다녀요?"

"저희 아들은 야구를 해서 거의 매일 야구하러 갑니다."

"진지하게 시키시는 거예요? 야구 선수 시키시려고요?"

"야구 선수가 꿈이라고 해서요."

상황마다 표현 방식은 조금씩 달랐지만 저런 수순의 대화를 올해만 서른 번쯤 한 것 같다. 그리고 그 뒤에 돌아오는 반응이 신기하게도 거의 비슷했다.

"제가 아는 집 아이도 야구한다고 어릴 적부터 공부 학원 안 다니고 야구만 하더라고요.(가끔 축구로 바뀌기도 한다.) 결국 야구가 너무 힘들어서 그만뒀어요.(또는 다쳐서.) 그런데 운동 그만두고 나서 공부하더니 결국 서울대 갔더라고요."

운동하다가 힘들어서 또는 다쳐서 운동을 그만두고 공부했는데 서울대에 간 애들이 많은지 저 이야기를 제법 많이 들었다. 그러니까 아들이 야구하고 있다고 하면 제일 많이 듣는 말은 단연 힘들어서 그만두었고 그래서 공부를 했는데 공부가 야구보다 더 쉽더라는 이야기다. 어머님 10명 중에 9명은 저렇게 말씀하시는 것 같다. 자매품으로 야구하다가 너무 힘들어서 그만두고 의사가 되었다는 이야기도 몇 번 들었다.

다른 나라에서 학창 시절을 보내는 아이들을 보면 학교에서 학생들이 운동을 많이 한다. 아들 또래 정도로 보이는 아이들이 앞 구르기, 옆 구르기, U자 만들기를 자연스럽게 하길래 곁에 계시던 부모님들께 여쭤봤다.

"기계 체조를 배우니까 할 수 있는 거 아니에요?"

"이곳에 사는 아이들은 다 이 정도는 기본으로 해요."

"아, 그래요?"

"수영, 기계 체조, 테니스, 축구, 야구, 농구, 하키, 스케이트 등과 같은 운동을 기본적으로 많이 해요. 아이들이 팀 스포츠 하나, 개인 스포츠 하나씩 하면 좋아요. 여자아이들은 남자아이들이 잘하는 종목, 남자아이들은 여자아이들이 잘하는 종목을 하면 유리해요."

"유리해요? 어디에요?"

"대학교 갈 때요."

팀에 아무리 뛰어난 아이가 있어도 나머지 아이들이 잘하지 못하면 시합에 나가서 이길 수 없음을 수없이 많이 목격했다. 아들은 초등학교 1학년 때 친구들이랑 반 축구를 2년 넘게 했는데 마지막 시합에서 아들 친구 한 명이 "너희가 너무 못해서 자꾸 지니까 축구 그만둘 거야. 너희 때문이야."라고 했다고 한다. 그 말을 듣고 축구 선생님께서 "축구는 너 혼자 잘해서 이길 수 있는 시합이 아니야. 네가 다른 친구들보다 잘한 것도 아니고 다른 친구들이 너보다 못한 것도 아니야."라고 말씀하셨다고 했다.

팀 스포츠는 그렇다. 내가 혼자 잘한다고 해서 팀이 이기리라는 법도 없고, 내가 아직 부족하다고 해서 꼭 지리라는 법도 없다. 아이의 실력이 부족하다고 운동을 그만두게 만드는 부모보다 아이의 실력이 부족하므로 연습 시간을 늘리는 부모가 정답에 더 가깝다고 생각한다. 운동에 시간과 돈을 들이면 실력이 우상향하는 경우를 공부보다 더 쉽게 찾아볼 수 있다.

늘 시합에 이기고 우승하면 좋겠지. 하지만 실패에서 배우는 것이 성공에서 배우는 것보다 더 크지 않던가. 아들이 다니는 야구단 근처에 "승리하면 조금 배울 수 있고, 실패하면 모든 것을 배울 수 있다."라는 문구가 있는데 볼 때마다 고개를 끄덕이고는 한다.

아들이 3년 동안 야구를 하면서 뭘 배웠는지 생각해 봤다. 그 사이 수학 학원을 그만두었고, 영어 학원도 숙제가 적은 곳으로 바꿨지만 야구는 계속 꾸준하게 했다. 초등학교 3학년으로 올라가면서는 주 6회로 늘렸다. 덕분에 아들의 체력이 좋아졌다.

아들이 시합을 나가면서 배우는 것은 더 많다. 이길 때도 배우는 것이 있고 이기는 것이 부모 입장에서는 좋지만, 솔직하게 말하면 졌을 때 아들은 더 많은 것을 배운다. 타석에서 아쉬웠던 점, 포수 볼 때 부족했던 점, 이기기 위해서 보완해야 하는 부분 등을 아이들끼리 이야기하는 걸 보면 시합에 져서 아쉬웠던 마음이 싹 사라진다.

"엄마, 우리가 이번 축구 대회에 나가서 1무 3패였잖아. 우리 팀이 너무 못해서 이기지 못한다고 철수가 그만둔대."

"너희한테 철수가 그렇게 이야기했어? 너희가 못한다고?"

"응. 철수도 한 골도 못 넣었는데 왜 그렇게 말했는지는 모르겠어."

"철수가 아쉬웠나 보다. 이기질 못해서. 선생님께서 혹시 들으셨어?"

"응, 선생님께서는 다른 애들이 더 못한 것도 없고 철수가 더 잘한 것도 없다고 말씀하셨어."

"철수 말을 듣고 친구들이 속상해했어?"

"아니. 우리 팀이 지난번에 4패하고 1골도 못 넣었는데, 이번에는 1무도 있고 골도 넣었잖아. 철수가 우리 탓한 게 섭섭하긴 했는데 속상하진 않았어”

“오! 아들의 정신력이 좋은데? 큰형님 같다!”

아들은 축구를 하면서도 많이 배웠고 야구를 하면서도 많이 배웠다. 주어진 역할에 대한 책임감, 역할을 제대로 해내지 못 했을 때의 아쉬움과 역할을 참 잘 해냈을 때의 성취감, 포수 볼 때 부끄러움이 많은 성격을 깨고 발휘해야 하는 리더십, 같은 팀 선수들에 대한 격려와 응원, 패배했을 때의 다짐과 승리했을 때의 기쁨.

야구 선수가 꿈인 사람들만 야구를 하고, 축구 선수가 꿈인 아이들만 축구를 하라는 법은 없다. 결과가 좋으면 물론 더할 나위 없이 좋겠지만, 내가 원하는 목적을 이루지 못하더라도 그 과정에서 배우는 것이 많다. 글로 쓰자면 쓸 이야기가 시합마다 한가득이지 않던가.

“제가 아는 집 아이도 야구한다고 어렸을 때부터 한다고 했는데, 결국 야구가 너무 힘들어서 그만뒀어요. 그런데 운동 그만두고 나서 공부하더니 결국 서울대 갔더라고요.”

“어머, 좋네요. 아들이 지금 야구를 진짜 좋아해서 행복하게 하고

있는데, 아들이 그만두더라도 서울대를 갈 수 있다고 하시니 참
좋네요.”

라는 대답은 마음속으로만.

차라리 게임을 해, 쇼츠는 안 돼

작년에 학부모들 사이에서 유행하던 말이 있었다.

"남자아이들은 게임 때문에 망하고, 여자아이들은 SNS 때문에 망
   한다."

그런데 한 해가 지나니 이 말도 틀린 말이 되었다. 매일 학원가
를 걸어 다니면서 목격하는 건 게임을 하는 아이들도, SNS를 하는
아이들도 아니다. 바로 쇼츠를 보는 아이들이다. 분명히 몇 년 전

만 해도 위태롭게 횡단보도를 건너면서 휴대 전화를 가로로 들고 양손으로 화면을 열심히 눌러대며 게임을 하는 아이들을 꽤 많이 봤다. 최근에는 죄다 휴대 전화를 세로로 들고 있다. 학원 수업이 끝나자마자 쇼츠를 보고, 편의점에서 라면을 먹으면서 쇼츠를 보고, 심지어 자전거를 타면서 쇼츠를 보기도 한다.

나는 흔한 유튜브도 잘 보지 않는 편이다. 그래서 도대체 왜 아이들이 쇼츠를 보는지 잘 몰랐다. 그러다 유튜브 알고리즘이 귀신같이 나도 잘 모르는 내 마음을 읽고 내가 좋아할 법한 쇼츠를 보여주더라. 하나의 쇼츠가 끝나면 또 새로운 쇼츠가 나오고, 계속 그런 식으로 보다 보면 1시간이 훌쩍 지나있다. 1시간이 뭐야, 2시간도 훌쩍 지나있지. 아직 성장하는 아이들이 지나치게 쇼츠에 노출되는 현실이 우려스럽다.

이런 일도 있었다. 아들이 학교 친구들이랑 놀고 있는데 아들 친구 하나가 자기는 집에 가겠다고 했다. 아이가 혹시 뭐가 섭섭했나 싶어서 계속 같이 놀자고 이야기했더니 이유는 다른 데에 있었다.

"엄마가 숙제를 다 하면 휴대 전화를 봐도 된다고 하셨어요. 이제 숙제를 다 했으니 집에 가서 휴대 전화를 보면서 놀고 싶어요."

그때는 아들 친구가 친구들과 놀지도 않고 혼자 스스로 알아서 숙제하는 모습을 보고 대견하다고 생각했었다. 그런데 사실 그 아이는 친구들이랑 노는 것보다 휴대 전화를 가지고 노는 게 더 좋았을 뿐이었다.

내 친구들 중에는 자녀에게 예체능을 시키는 친구가 꽤 많은 편이다. 미술, 음악, 무용, 하키, 야구. 예체능을 한다고 해서 공부를 등한시하는 시대가 아니니 다들 실기하고 훈련하는 시간을 쪼개서 공부도 어느 정도 시킨다. 시간 활용을 잘하지 않으면 이 모든 걸 다 해낼 수가 없으니 아무래도 부모 중 한 명이 붙어서 매니저처럼 하루 종일 아이를 챙긴다. 아이가 예체능도 잘하고 공부도 잘하면 더할 나위 없이 좋겠지만, 막상 아이의 하루를 따라다니다 보면 아이가 선행 학습을 하는 것만으로도 감사하게 된다. 그리고 마음 한 켠에서는 스스로 이렇게 묻는다.

"나중에 아이가 힘들어서 하던 운동을 포기하면 그때부터 공부는
　어떻게 따라갈래?"

　처음에는 고민을 많이 했다. 나는 영어나 국어는 습관이라고
생각해서 잘하지는 못하더라도 꾸준하게 하라는 의미에서 학원
을 보내고 있다. 수학 학원도 다니면 내 마음이 편했을 거다. 학원
만 다니는 것이 공부의 전부라면 얼마든지 시켰겠지만, 학원에 다
녀와서 배운 걸 이해하고 숙제까지 스스로 할 줄 알아야 공부인데
그게 잘 되지 않았다. 아들이랑 사이만 멀어지고, 남편과도 싸우
게 되길래 그만뒀다. 수학 대신 야구를 선택하는 게 쉽지 않은 결
정이었으나 수학 때문에 아들과 멀어지는 일은 일단 줄었다.

　내가 어릴 적에는 아이에게 미술을 시키면 집이 서서히 망하
고, 음악을 시키면 바로 망한다는 말이 있었다. 아직도 친정엄마
는 야구는 취미로 하는 거냐며 매번 확인하신다. 아들에게 재능이
있었다면 돈을 내고 배우고 있지 않았을 거라고, 그리고 재능이 있
다고 하더라도 운동은 시키지 말라고.

　지금은 세상이 정말 많이 변했다. 아이가 예체능을 하면 실기

하느라 하루 종일 학원에 있어야 하고, 남은 시간에는 공부하느라 휴대 전화로 놀 시간이 없다. 그래서 아이가 어릴 때 예체능을 시켰다가 나중에 고등학생이 되면 그때부터 공부에 집중하게 하는 것이 대학 진학에 더 유리하다는 말을 많이 한다. 아이 스스로도 사춘기에 신경 쓸 겨를이 없고 사춘기가 온들 하루 종일 훈련하고 연습하고 그림 그리느라 사춘기에 신경을 쓰지 못한다고. 아이를 예중 보내는 친구들 이야기를 들어보면 예고 대신 외고 진학했다는 이야기도 제법 들려온다.

아이에게 유튜브 쇼츠를 덜 보게 하려고 예체능을 시키라는 말이냐고 묻는다면 그건 아니다. 아이에게 휴대 전화를 사주지 않으면 그만이지 않냐고 물어본다면, 그것도 참 어렵다. 요즘은 아이에게 휴대 전화를 사주는 연령이 점점 낮아지고 있으니까. 그래도 휴대 전화를 사주고 쓰지 못하게 통제하는 것보다는 사달라고 조르는 아이와 싸우는 편이 나을 수도 있다.

야구단에 수업 시간보다 일찍 오거나 늦게 오는 아이들이 있다. 야구단에서 휴대 전화를 보면 코치님들이나 감독님들에게 혼나기 때문에 아이들이 스스로 전원을 꺼버린다. 지난번에 지방으로 1박 2일 야구 시합을 하러 갔을 때도 감독님이랑 코치님이 휴대 전화는 가방에 넣어두라고 하셔서 아이들끼리 마피아 게임하고 놀았다고 한다.

한 번은 대형 비스를 빌려서 다 같이 시합을 하러 간 적이 있었다. 앞자리에 앉아서 가는 아이들을 보니 휴대 전화가 있는 아이들은 이동하는 내내 쇼츠를 보더라. 부모님도, 감독님도, 코치님도 볼 수 없는 사각지대였으니 그랬을 거다. 어른들도 휴대 전화를 보기 시작하면 시간 가는 줄 모르는데 아이들은 어떻겠는가. 나도 마음의 끈을 놓고 휴대 전화만 보라고 하면 하루 종일 볼 수 있다. 자신 있다. (아들에게는 비밀이다.)

최근에 아들과 야구단을 같이 하는 가족이랑 식사할 일이 있었다. 어른들은 어른들끼리 앉고, 아이들은 아이들끼리 앉아서 밥을 먹었다. 아이들은 밥을 후루룩 먹고 나서 게임을 시켜달라고 하나둘씩 쪼르르 달려온다.

"너희들 모두 밥을 한 공기 다 먹으면 그때 와."
"저희 이제 밥 다 먹었어요."

"알았어. 야구 게임은 해도 돼. 하지만 쇼츠는 안 돼."

"저희 어차피 야구 게임 하려고 했는데요?"

그림을 그리는 것도, 악기를 연주하는 것도, 운동을 하는 것도 압축해서 할 수 없다. 하이라이트 영상으로 가장 멋진 부분만 따로 떼어서 볼 수는 있겠지만 막상 그 순간에 도달하기까지는 오랜 시간을 견뎌야 한다. 내가 묘사하고 싶은 사물의 음영을 그릴 때 손에 어느 정도로 힘을 줘야 하는지를 익히기까지 수없이 같은 선을 반복하며 그려야 하고, 듣기 싫은 삑 소리를 내지 않고 고운 음을 내려면 수없이 많은 연주를 해야 한다. 운동에 재능이 있든지 없든지 몸이 자연스럽게 움직이려면 같은 동작을 지루할 만큼 되풀이해야 하며, 그 동작을 잘하기 위한 다른 기초 체력 운동도 꾸준하게 해야 한다.

이런 과정은 쇼츠처럼 압축할 수도 없고 2배속으로 빠르게 돌릴수도 없을뿐더러 SNS에 올려서 남에게 보여줄 필요도 없다. 압축되지 않는 시간, 2배속 할 수 없는 지루한 과정을 되풀이하다 보면 어느새 단단해지는 것이 아닐까. 그런 지루한 과정을 배우는 데에는 예체능만한 게 없다. 나도 바이올린을 하다 포기하고, 미술도 하다가 포기했지만, 이제와 생각해 보면 그걸 하다가 포기하는 과정에서도 배운 것이 분명히 있다. 무엇보다 아들이 스스로 좋아하는 야구를 통해서 지지부진하고 지루하고 답답하더라도 시간을 들여 풀어내는 법을 배우는 걸 볼 수 있어서 참 좋다.

어머님, 처음부터 다 잘할 수 없어요

아들이 야구 학원에 다닌 지 1년 반 정도 지났을까? 감독님께서 이번 주말에 시합이 있는데 아들도 참석했으면 한다고 연락을 주셨다.

"저희 아들이요? 아직 실력이 많이 부족한데…. 민폐 끼치지 않을
 까 걱정되네요."
"어머님, 처음부터 다 잘할 수는 없어요. 시합도 나가고 경험을 쌓
 아봐야 실력이 늘거든요. 부담가지지 마시고 시합에 나오셔도 됩

니다.”

그렇게 난생처음으로 아들은 야구 시합을 하러 야구장에 갔다. 아이를 키우면서 모든 순간이 새로운 순간이자 경험의 연속이다. 아들이 야구 시합에 나가는 날을 앞두고 나는 긴장이 되었다. 어찌 보면 별것도 아닌데 또 어찌 보면 별거니까.

“도현아, 기분이 어때?”
“약간 무서워. 안타 칠 수 있을까?”
“타석에 나갈 기회가 없을지도 몰라. 부담 갖지 말고 해보자.”

솔직히 말하면 아들의 첫 야구 시합이 나와 남편에게 더 부담스러웠을지 모른다. 부모의 마음은 참 어렵다. 결과도 중요하지만 과정도 중요하다는 말을 매일 가슴에 새기고도 내 아이가 좋은 성과를 보여주면 좋겠다는 생각을 많이 한다.

조금 더 솔직해져 볼까. 아들이 하나를 배우면 열을 알았으면 좋겠고, 처음부터 잘했으면 좋겠다. 구구단도 혼자 척척 외웠으면 좋겠고, 최대공약수와 최소공배수의 개념을 배울 때도 그 개념을 한 번에 다 이해했으면 좋겠다. 영어는 어떠한가. 나는 내가 교육

비만 내면 되는 줄 알았다. 그러면 아이가 알아서 유창하게 영어도 하고 두꺼운 해리포터 원서를 읽을 줄 알았지만 전혀 아니었다.

　이상은 그렇고 현실은 역시나 예상하는 대로다. 하나를 알려주면 그 하나도 겨우 알고 그마저도 뒤돌아서면 잊어버린다. 수학은 아무 잘못도 없는데 아들이 싫어하고, 영어는 영어 학원 다닌게 무색하게 영어 발음의 구수함이 이루 말할 수 없다. 배우는 과정에서 뭔가 분명히 배우긴 했을 텐데, 솔직히 과정이고 뭐고 지금 당장 영어도 유창하게 하고 수학도 재미있어하고 책을 손에서 놓지 못하는 아이이길 바라는 마음은 어쩔 수가 없다.

　아들이 처음 야구단에 갔던 날이었다. 위아래 동물프린트가 있는 핑크색 아동복을 입은 아들이 수업 중에 야구 미니시합에 타자로 나갔다.
　"*티바를 가져올까요?"라고 어떤 코치님이 말씀하시니까 감

　◆　야구용 티볼대. 투수와 포수 없이 배팅 훈련을 할 수 있다.

71

독님이 "아니야, 의외로 공을 칠 수도 있어. 그냥 던져 줘."라고 말씀하셨다. 그리고 아들은 정말 의외로 공을 쳤다. 솔직히 나도 의외였다. "거봐, 애들은 모른다니까. 칠 줄 알았어."라는 감독님의 말씀이 아직도 기억에 남는다. 나는 이날 시합에서도 이런 걸 기대했던 것 같다. 타석에 나와서 의외로 안타를 치는 아들의 모습을.

"너 처음으로 야구단에 갔을 때 생각나?"
"누가 나에게 티바를 주라고 했는데 감독님이 그냥 쳐보라고 하셨을 때 내가 정말로 그냥 쳤던 이야기하려고 하지?"
"어떻게 알았어?"
"엄마랑 아빠가 그 이야기를 자주 하니까."
"오늘도 그날처럼 한 번 날려봐."

야구단에 처음 갔던 날을 함께 떠올리면서 경기장에 도착했다. 3학년까지 출전하는 시합이라 3학년, 2학년 형들 먼저 라인업하고 나서 남아있는 한 자리를 1학년 친구들이 교대로 나갔다.
첫 ✦외야 수비. 공이 다행히 아들 쪽으로 가지 않았다.

✦ 야구에서, 본루, 1루, 2루, 3루를 연결한 선 뒤쪽의 파울 라인 안의 지역.

"공이 다행히 외야로 안 갔어."

"왜 그게 다행이야? 내가 못 잡을까 봐?"

"..."

내가 말하고 보니 아들이 공을 못 잡을 거라는 전제를 깔아놓았구나. 미안해, 아들.

실점 없이 수비를 마치고 공수교대를 하면서 아들에게도 드디어 기회가 왔다. 수비 연습은 그때까지만 해도 거의 한 적 없어서 외야에 공이 가지 않기를 기도했었다. 하지만 타격 연습은 야구단을 다니며 했으니 욕심부리지 않고 2루타쯤 치기를 응원했다.

타석에 들어선 아들을 보는 기분이 묘했다. 언제 이렇게 커서 시합에도 나가게 된 건지, 기분이 진짜 이상했다. 투수가 공을 던졌고 그 공을 아들이 보기 좋게 쳐서 안타를 만들기면 하면 된다. 그. 리. 고! 아들이 안타를 쳤으면 좋았겠지만 투수가 던진 공을 가만히 서서 바라만 보다가 삼진을 당했다. 인생 첫 ◆루킹 삼진.

◆ 야구에서, 타자가 배트를 휘두르지 않고 스트라이크 아웃을 당한 경우.

73

그다음에 다시 한 번 기회가 왔다. '이번에는 안타를 칠 수 있겠지?' 하는 마음으로 응원했다. 그. 리. 고! 아들이 보란 듯이 안타를 쳤…으면 더할 나위 없이 좋았겠지만 볼넷으로 출루했다. 출루하고 2루까지 밟아보고 *이닝이 종료되었고 경기가 끝났다. 그리고 졌다. 옆에 있던 남편한테 말했다.

"나는 얘가 처음 시합에 나가도 당연히 안타를 칠 줄 알았어. 처음부터 잘할 줄 알았어."
"처음부터 다 잘할 수는 없지, 그래도 출루까지 했으니 잘한 거지."

아들은 어땠는지 궁금했다. 감독님께 인사하고 달려오는 아들의 얼굴이 세상을 다 가진 얼굴이었다. 졌는데? 안타도 못 쳤고? 루킹 삼진이었는데? 왜 저렇게 행복해 보이지?

"엄마, 아빠! 나 오늘 출루해서 2루까지 간 거 봤어?"
"응, 봤지."

◆   아구에서, 주자가 수비의 허술한 틈을 타서 다음 베이스까지 가는 일.

74

아들은 그게 좋았던 거다. 출루해서 2루까지 밟은 게 좋았단다. 아들이 좋아하니까 우리도 기분이 덩달아 좋았다. 아들은 집에 오는 길에 감독님이 무슨 이야기를 하셨는지, 형들은 무슨 이야기를 했는지, 선발인 형은 몇 학년인데 야구를 언제부터 했는지 등등 •더그아웃에서 나눈 이야기를 해주었다. 외동인 아들이 경험할수 없는 감정들을 느꼈겠구나 싶었다.

"형들이 오늘 시합에서 져서 속상해하지는 않았어?"
"아니. 다음에는 더 잘하자고 이야기했어. 그리고 우리 야구단은 시합에 나가서 이긴 적이 지금까지 한 번도 없대."

처음 나간 시합에 안타도 홈런도 승리도 없었지만 귀중한 경험을 하고 왔다. 이날 우리끼리 이야기했다.

"오늘 감독님 덕분에 좋은 경험 했네."

♦   야구장의 선수 대기석.

I never lose. I either win or learn.

나는 절대 지지 않는다. 이기거나 배우거나 한다.

    2022년 11월, 아들이 처음 시합에 나간 날, 우리 가족은 함께 경험하고 함께 배웠다. 언젠가는 1승을 할 수 있을 거라는 믿음과 그 믿음이 이루어진다는 믿음도.

상대 팀 투수의 마음이 다치지 않게

아이가 야구 시합을 나가면 부모도 긴장을 한다. 어린 아이들은 팔의 힘이 아직 약하기 때문에 스트라이크를 던지기가 쉽지 않아서 볼넷이 참 많이 나온다. 리틀야구단의 규정상 3학년 시합까지는 도루가 없고 점수 차이가 5점 이상이 나면 공수교대를 한다. 아마 아이들의 마음을 배려한 것이 아닌가 싶다.

첫 번째 시합을 하고 나서 한 달 뒤쯤에 또 시합이 있었다. 아직 주전은 아니라서 조금은 편한 마음으로 갔는데 도착해 보니 원래 오기로 했던 형들 3명이 못 오게 되어서 아들이 주전이 되었다는 이야기를 들었다. 물론 좋지, 아무것도 안 하고 그냥 돌아 오는 것 보다는. 하지만 아들이 팀에 민폐라도 끼칠까 봐 긴장되었다.

아이들끼리 경험을 쌓자는 취지로 하는 귀여운 시합도 이렇게 긴장되는데, 나중에 혹여나 아들이 야구 선수가 되면 마음 편하게 시합을 볼 수 있겠냐고 남편이랑 이야기하면서 웃었다.

어디서 주워들었는데 다른 야구단 아이들은 밥 먹으면서도 야구를 할 만큼 야구 선수가 되기 위해서 매일 연습을 하는 반면, 아들의 야구단 아이들은 공부도 해서 시합에 나가면 야구 성적이 안 좋다고 했다. 야구에서까지 성적을 따지면 너무 힘들지 않을까. 즐겁게 하는 게 최고지. 아들이 다니는 야구단 근처에 이런 말이 쓰여 있다.

천재는 노력하는 자를 이길 수 없고, 노력하는 자는 즐기는 자를 결코 이길 수 없다.

나는 이 말에 동의한다. 예체능을 시켜보면 안다. 미술이든 음악이든 야구든 억지로 시킬 수 없음을. 아이가 좋아하지 않고 즐기지 못하는데 절대로 부모의 욕심으로 억지로 시킬 수 없다. 시작은 할 수 있으나 오래가지 못한다.

　아들이 야구 천재도 아니고, 매일 끈질기게 노력하는 아이도 아니지만 야구 그 자체를 즐기고 있다는 사실 하나는 확실하지 않은가를 매일 가슴에, 머리에 새기고 또 새긴다.

　이날 시합은 볼넷이 참 많았다. 어느 형이 "지금 만루야, 그냥 공 맞아! 하나도 안 아파! 우리도 한 번 이겨보자."라고 이야기했다. 볼넷도 많이 나왔고 몸에 맞는 공도 많이 나와서 점수가 났다. 아들은 홈을 두 번이나 밟은 덕분에 기분이 참 좋았나 보다.

　"엄마, 나 처음으로 홈을 두 번이나 밟았어. 그리고 우리 팀이 오늘
　　처음으로 시합에 나가서 이겼어."

　자주 지는 팀이니 점수가 날 때마다 부모님들이 열정적으로 좋아하실 줄 알았는데 의외로 조용히 박수만 치셨다. 나도 눈치껏 조용히 박수만 치면서 응원했는데 좀 의아하긴 했다. 다들 왜 이렇게 조용하시지? 우리가 이렇게 이기는 게 흔한 일이 아닌데? 아니 처음이라는데? 그 이유를 시합 끝나고 아들한테 들을 수 있었다.

"엄마, 우리 팀에서 안타가 많이 나왔던 게 아니라 볼넷으로 계속 주자가 나갔잖아. 볼넷으로 만루도 되고 점수도 났잖아. 그럴 때 이기게 되면 크게 좋아하고 응원을 하면 안 돼. 그러면 상대 팀 투수가 속상할 수 있거든. 그건 정말 조심해야 하는 거야. 엄마랑 아빠도 크게 좋아하지는 않았지?"

상대 팀 투수의 마음이 다치지 않게 하려는 배려였구나. 맞지, 그게 맞지. 이렇게 상대 팀 선수의 마음까지 배려하면서 야구를 즐길 줄 아는 아이들이라니. 주말을 반납하고 추운 겨울에 시합에 다녀오느라 힘들었지만 남편이랑 "아들 야구 시키길 참 잘했다." 라고 이야기했다. 첫 승리의 기쁨도 분명히 좋았지만, 상대 팀 선수의 마음까지 배려하는 단단한 아이들이 행복하게 야구하는 모습을 보는 것만큼 행복한 일도 없다.

시합을 앞둔 부모님들의 기도

형들과 나가는 시합에서 형들이 큰 점수 차로 이기는 경우, 아들에게도 기회가 돌아온다. 또 아들이 동생들과 나가는 시합에서 점수를 많이 내면 동생들에게 기회가 돌아간다. 동생들과 나간 시합에서 아들 학년의 주장이 말했다.

"얘들아, 우리가 잘해야 2학년 동생들도 오늘 시합을 뛸 수 있으니까 우리가 잘하자."

친구들끼리 짓궂은 장난을 치고 부모님께 휴대 전화를 달라고 조르는 어린애 같은 아이들도 시합에만 나가면 갑자기 의젓해지고 멋있어진다.

아이들 경기를 응원하는 부모님들 사이에도 나름대로 암묵적인 규칙이 있다. 할까 말까 고민되는 이야기는 하지 않는 게 규칙이라고 해두자. 지도자 입장에서는 잘하는 아이들만 올려서 시합을 진행하고 싶은 마음도 있을 수 있지만, 야구는 무엇보다 팀이 함께 만들어 가는 것이니 감독님께서는 선수들에게 골고루 기회를 주신다. 하지만 1점 차 승부인 경우, 아무래도 상황에 따라 선수를 교체하는 경우가 생긴다. 그런 상황이 생기면 내 아이가 빠졌다고 불만을 표현하지도, 내 아이가 기회를 잡았다고 기뻐하지도 않는다. 부모님들끼리 그런 이야기를 직접 나눈 적은 없지만 다 같은 마음이리라.

물론 골고루 기회를 주지 않고 승리가 먼저인 팀도 당연히 있다. 시합에서 이기는 건 야구단의 성과이므로 상대 팀 아이들을 원색적으로 비난해 가면서 코칭하는 감독님들도 꽤 자주 보았다. 나도 그들과 똑같이 욕할 수 있다. 하지만 아이들의 경기이니까,

즐겁게 하는 게 이기는 것보다 더 중요하니까 아무 말하지 않는다. 정말 몇 번은 내 속의 미친 년을 꺼내서 한 마디 해 주고 싶은 적도 있었다. (나는 욕이라면 이길 자신 있다. 그런 나도 안 한다.)

상대 팀 투수가 볼넷을 3개, 4개 줘서 밀어내기로 점수가 나와도 그 선수가 들을 수 있을 정도로 크게 좋아하지 않는 것도 같은 이유다. 마운드에 올라가면 거리가 좀 있긴 해도 사람들의 응원 소리, 감독님, 코치님의 말이 다 들리는데 상대 팀 투수에게 다 들리도록 "쟤 지금 제구가 안 되어서 어차피 볼 던질 거니까 그냥 치지 마."라는 말도 듣기 불편하다. "네가 치기 좋은 공만 쳐."라는 말도 아이들은 다 알아듣는다. "어차피 타자가 네 공 못 치니까 그냥 직구로 꽂아."라고 말하기보다는 "네가 던지고 싶은 공 던져."라고 말했으면 좋겠다.

시합의 승리를 위해서 상대 팀 아이들의 마음을 긁을 필요는 없다. 전략이라고 할 수도 있고, 그런 말이 듣기 싫으면 운동을 시키지 말아야 한다고 할 수 있겠지만 이정후 선수도 어렸을 때 나간 시합에서는 좋은 추억만 있었다고 이야기하지 않았던가. "공 잘 골라내자." 또는 "직구로 잘 던져 볼까."라고 이야기해도 아이들은 충분히 알아듣는다. 모든 시합은 중요하지만 이기기 위해서 즐거움을 버리고 선을 넘어버리는 게 안타깝다.

　시합에서 지고 나서 "그래도 우리 잘했어."라고 말할 수 있는 마음, "나 대신 네가 삼진 잡아줬을 때 고마웠어."라고 표현할 수 있는 용기가 얼마나 빛나는지. 시합에서 졌다고 배트와 헬멧을 바닥에 집어 던지는 모습을 보면 안타깝다. 그게 승부욕이라고 말한다면 할 말이 없지만. 상대 팀이 그러거나 말거나 맡은 역할을 충실하게 잘하고 최선을 다하는 아이들이 승자다. 그리고 그런 면에서 아들의 야구단 선수들은 우주 최강이라고 자부한다.

　시합 전 날 아들이 물어봤다.

"엄마, 내가 만약에 내일 시합에서 홈런 치면 뭐 해 줄 거야?"
"크게 축하해 줄게."
"내 소원 하나 들어 줘."
"무슨 소원?"
"수학 학원 안 다니게 해 줘."

"야구는 팀 경기인데 너 혼자 홈런 하나 쳤다고 수학 학원을 관둔다고? 홈런이랑 수학 학원이랑 도대체 무슨 연관이 있지? 일단 홈런을 한 번 쳐 봐. 그리고 네가 너희 팀에 어떤 책임감을 가지고 어떤 역할을 할 수 있는지를 고민해 보는 것부터 먼저 해!"

시합 전 아들과 나누는 '만약에' 이야기를 참 좋아한다. 그 대화에는 시합의 승패에 관한 이야기가 거의 없다. 팀을 위한 자신의 역할에 관한 이야기만 가득하다. 그게 나는 참 좋다.

언젠가 남편과 운동에 재능이 없는 아들을 운동시키는 것이 맞는지 논한 적 있다. 대부분의 운동은 타고난 재능이 중요하다. 그 기본은 달리기인데, 아들은 일단 달리기부터 느리고 다른 친구들에 비해 부족한 편이다. 운동에 들어가는 돈과 시간으로 아들이 다른 걸 해야 하는 거 아닌가 하는 말도 나눴다. 1등이 아니라 중간을 목표로 하는 삶은 가끔 화딱지가 나기도 하고 답답하기도 하다. 그렇다고 아이가 "나는 야구가 아니면 절대 안 돼."라고 적극적으로 표현하는 것도 아니라서 부모의 마음은 더욱 어렵다.

다만 '성공과 성취를 끌어내는 결정적인 역할, 투지, 용기'를 뜻하는 '그릿(Grit)'이 참이라면, 단순한 열정, 근성뿐 아니라 담대함, 낙담하지 않음, 끈기, 오랜 기간 열심히 노력하는 자세가 성공을 향한 방법이라면 해볼 만하다. 물론 재능이 뛰어나지 않으니 그 길이 좀 멀겠고, 시간은 조금 더 오래 걸리겠고, 그 길에 대단한 보상이나 큰 성과는 만나기 힘들겠지만. 그 과정을 다 즐길 수 있다면 한 번 해볼 만하지 않을까. 무엇보다 이 모든 걸 아이 스스로 판단해야 하는 것이 중요하지 않을까. 지금 아이가 그 과정을 즐겁고 행복하게 경험하고 있다면 부모가 나서서 말릴 이유는 없지 않을까.

어느 날 형들이 하는 시합을 보는데 상대 팀 투수로 보이는 아이가 키도 크고 덩치도 크길래 누가 봐도 쟤는 야구 선수구나 싶었다. 그 아이가 타자할 때도 보니 공이 저 멀리 외야까지 나가서 대단하다 싶었다. 지켜보던 부모님들끼리 그 아이에 관해 말했다.

"저 투수 부모님은 도대체 어떻게 아이를 키우셨길래 저렇게 크게 잘 키우셨을까요? 얼마나 뿌듯하실까요? 정말 부럽습니다."

그때 마침 앞에 서 계시던 그 아이의 아버님이 답하셨다.

"9시 전에 재우세요. 잠이에요. 무조건 잠을 많이 재우셔야 해요."

우리 목소리가 좀 컸나 보다. 그 아이의 이름을 외워두었으니 그 아이가 나중에 프로 선수가 되면 응원해 주고 꼭 아는 척해야지. "아줌마가 너를 리틀야구단 때부터 봤어. 너는 그때부터 빛났어."

부모는 다 같은 마음이다. 상대 팀으로 만났어도, 서로 말은 하지 않아도, 아이들이 자신의 역할에 최선을 다하기를 바라고, 혹시나 그날따라 시합이 잘 풀리지 않아도 너무 낙담하지 말고 상처 입지 않기를 바란다. 하기 싫은 걸 억지로 하는 아이는 없고, 하기 싫은 걸 억지로 시키는 부모도 없으니까.

그래서 시합을 앞둔 부모들의 기도는 뭐냐고? "시합에서 이기게 해주세요."는 절대로 아니다. "다치치 않게 해주세요."다. 아이가 얼마든지 뒹굴어도 되고 유니폼이 찢어져도 되고 흙을 뒤집어 써도 되지만 다치지는 않았으면 한다. 아이들끼리 서로 믿고 힘이 되어주는 시합을 했으면, 어떤 상황이 오더라도 운동을 하는 즐거움을 놓치지 않게 해달라고 기도한다.

애들아, 너희들은 그동안 연습한 것만 뽐내도록 해. 기도와 응원은 엄마들이랑 아빠들이 기막히게 해 줄 테니까. 즐겁고 행복하게 하자. 후회 없도록. 알았지? 화이팅! 할렐루야, 아멘, 나무아미타불, 관세음보살, 인샬라!

즐기는 사람이 이기는 법

즐기는 사람이 이기는 법이라는 말에 동의하기는 하지만 정말 그래도 될까, 하고 의심하던 순간들도 분명히 있었다. 좋아해서 시작했더라도 계속 즐길 수 있을까?

나는 6살부터 바이올린을 했다. 꿈은 바이올리니스트였다. 확고했다. 나의 꿈은 바이올리니스트. 분명히 좋아했고 꿈도 그러했는데 그 당시 한국식 교육이 나와 맞지 않았다. 일단 수업이 재미없었다. 자세도 자꾸 교정해야 한다고 하고 지적받기 일쑤였다. 학원에 가면 다음 수업까지 10번씩 연습해 오라고 하고, 한 번 연습할 때마다 동그라미를 쳐오라고 했다. 처음에는 거짓말로 연습도 하지 않고 동그라미를 치다가 나중에는 그마저도 하지 않았다. 나는 분명히 바이올린 연주하는 것이 좋았는데 어느 순간부터 즐겁지 않았다. 그래서 미련 없이 그만두었다. 그게 10살 때였다. 가끔 생각해 본다. 즐겁게만 했다면, 과연 나는 계속 바이올린을 하고 있었을까? 발진이 없다면 그 또한 재미없는 일 아니던가. 성취감도 중요한 건데.

올해 아들이 속한 야구단에서 박찬호배 리틀 야구 대회에 출전하는 일이 있었다. 1박 2일 일정이었는데 시합 나가는 형들 외에 3학년 아이들까지 참석할 수 있다고 하여 아들도 가게 되었다.

개막식은 한화 이글스의 예전 홈구장이었다. 박찬호배 전국 리틀 야구 대회이니 당연히 박찬호 선수도 왔고 특별 게스트로 이정후 선수도 왔다.

이정후 선수를 대전에서 볼 줄이야. 개막식에서 하는 축사는 교장선생님의 말씀처럼 지루하기 마련인데 이날 이정후 선수의 축사가 좋아서 녹음해 두었다가 받아 적었다.

안녕하세요. 이정후입니다. 날씨가 좋죠? 날씨도 선수 여러분을 반겨주네요. 제가

어렸을 때부터 존경하고 동경해 왔던 박찬호 선배님과 이 자리에 함께 있는 것만으로도 벅차군요.

제가 어릴 적 선수 생활을 했을 때가 새삼 생각납니다. 15~16년 전에 여기에 있는 선수들처럼 유니폼을 입고 박찬호 선배님이 개최하셨던 대회에 나와서 경기했었어요.

축사를 준비하며 제가 어릴 적에 야구를 하며 무엇이 좋았는지 떠올려 봤습니다. 저는 시합을 함께 뛰는 친구들과 함께 이기고 함께 야구하는 게 좋았습니다. 그런 생각을 가지고 야구를 하다 보니 지금 되돌아봤을 때 좋은 추억만 남아있습니다. 물론 시합에서 이기고 내가 잘하는 것도 중요합니다. 하지만 협동심과 배려심, 친구들과 함께 해냈다는 성취감 또한 큰 자리를 차지합니다. 여러분도 이번 대회에서 부상 없이 좋은 성적을 거두길 바랍니다. 또 야구 이외에 얻어 가는 게 있었으면 좋겠습니다.

나중에 여러분이 야구를 잘하는 선수가 되었을 때, 여러분이 혼자서 잘했기 때문에 잘할 수 있었던 게 아니라 감독님, 코치님, 팀원들, 부모님, 그리고 그밖에 여러분을 지원해 주신 모든 분들 덕분임을 잊지 않기를 바랍니다. 프로 야구 선수가 될 때까지 항상 열심히 하시기를 응원합니다.

- 11회 박찬호배 전국 리틀 야구 대회, 이정후 선수 축사

지금 메이저 리그에서 좋은 성적을 내고 있는 이정후 선수도 더 열심히 하지 못한 것을 후회하는 것이 아니라 어릴 적 야구할 때 친구들과 같이 야구하는 것이 즐겁고 좋았다는 이야기를 하고 있지 않은가. 아련한 시절의 즐거운 추억들이 지금의 그에게 큰 힘이 된다는 말이 참 좋았다. 그리고 그 진심이 전해졌다.

"이정후 선수도 타격 자세나 투구 자세에 대한 이야기나 아쉬웠던 점은 전혀 이야기 안 하더라? 어릴 적 친구들이랑 함께 야구하는 것이 좋았고 야구를 즐겁게 한 것 같더라고. 그 추억이 아직도 남아서 큰 힘이 된대."
"엄마, 당연하지. 나도 그래."
"멋진데?"

초등 5학년 아이와
알콩달콩 얘기하다 잠드는 비결

아들이 야구를 하다 보면 아들과 같이 야구하는 형, 동생의 어머님, 아버님이랑 자주 만난다. 시합을 나가도 3시간 이상 같이 응원하고, 훈련을 나가서도 마주할 일이 많고, 애들 수업을 보면서도 같은 공간에 있어야 할 일이 많다. 멀리 사는 내 친한 친구들은 1년에 한 번도 만나기 힘든데 같은 야구단 부모님들은 일주일에도 몇 번씩 만난다. 서로 이름도 모르고 나이도 모르고 휴대 전화 번호도 모르는 사이인데 야구 이야기를 하다 보면 어색함이고 뭐고 없다. 아이들 야구 시키는 이야기부터 시작해서 각자 응원하는 팀

이야기, 전날 프로 야구 중계 이야기 등 시간 가는 줄 모르고 이야기가 계속 이어진다.

그러고 보니 내가 결혼하고 아이 낳고 나서는 우리 엄마, 아빠랑도 자주 못 만난다. 재작년 휴가 때 우리집으로 엄마가 8일 정도 놀러 오셨다. 엄마가 온다고 해서 좋았는데 며칠 지나니 엄마랑 할 이야기가 없었다. 당시 엄마는 트로트 예능에 푹 빠져 계셨고 좋아하시는 트로트 가수 이야기를 하셨는데, 그런 엄마에게 참다 참다 "나 트로트 정말 싫어."라고 말해 버렸다. 진심이니까. 누구네 집 첫째는 이렇다더라, 누구네 집 사위는 저렇다더라고 이야기하실 때도 내가 "남의 이야기를 하면 뭐해, 다 잘 살면 좋은 거 아니겠어?"라고 말해 버린 것도 나의 진심이었다. 남의 이야기를 해서 뭐하나. 그렇게 말하고 나니 엄마도 할 말이 없고 나도 죄송하고. 우리가 이렇게 공유할 것이 없었던가 싶어서 내심 놀랐다. 물론 조금 아쉽기도 했고.

아들이 콧물을 훌쩍거리고 얕은 기침을 하던 며칠 전이었다. 목욕물을 받아주고 기침에 좋다는 아로마오일과 입욕제를 넣어줬다.

"엄마, 나 문 열고 목욕할래."

"안 돼. 추우면 감기 걸려."

"그러면 엄마가 화장실에 들어와서 내 옆에 있어 줘."

아들이 목욕하는 동안 나는 화장실 청소나 해야겠다고 하고 들어갔다. 거품을 내면서 목욕하는 아들을 보니 귀엽고 아기 같았다. 옛날 생각도 났다.

"엄마, 내가 문제를 내면 엄마가 맞춰 봐."

"응, 알겠어."

"LG 트윈스의 ✦내야수를 순서대로 말해봐."

"1루수는 문보경, 2루수는 신민재, 숏은 오지환, 써드는 구본혁인
  가? 아, 오스틴도 가끔 1루수를 하지 않나?"

"응, 맞아. 그럼 LG 트윈스의 센터는 누굴까?"

"누구더라, 나 아는데… 누구지?"

"이게 헷갈려? 박해민이잖아."

"아! 맞다, 맞다."

✦ 야구에서, 1루수, 2루수, 3루수, 유격수를 통틀어 이르는 말.

"그럼 홍창기가 부상일 때 누가 라이트였을까?"

"누구였지… 누구지…?"

"엄마! 내가 좋아하는 선수 있잖아!"

"아, 문성주? 문성주가 레프트 보지 않았나?"

　　LG 트윈스를 시작으로 모든 구단의 내야수와 외야수를 맞추는 게임을 한참 동안 했다. NC 다이노스랑 키움 히어로즈로 넘어갔을 때는 휴대 전화를 가지고 와서 커닝이라도 하고 싶었다. 이런 생각도 들었다. '공부를 그렇게 촘촘하게 했다면 얼마나 좋아?'

　　그러다 문득, 이런 대화를 나눌 수 있는 아들과 내가 좋았다. 나중에 사춘기가 오더라도, 나중에 아들이 어른이 되어서 엄마의 품을 졸업하고 친구들이 좋아지는 나이가 되더라도, 학업이나 취업 관련 이야기가 아니더라도 우리는 이야기할 거리가 있다고 생각하니 행복했다.

　　언젠가 야구단 어머님들과 수다 떨던 날, 아들과 함께 야구하는 17번 시헌이의 어머님이 이런 말을 하셨다.

"저는 매일 자기 전에 아들이랑 누워서 '자, 오늘의 스코어는?' 하고 그날의 스코어를 보면서 우리가 각자 응원하는 팀 중에 누가 이겼는지 같이 보고, 잘하는 선수들을 부러워하기도 해요. 그렇게 알콩달콩 이야기 나누다가 잠드는데 참 행복해요. 초등학교 5학년 아들 중에 누가 이렇게 엄마랑 같이 자면서 다정하게 속마음을 이야기해주나 싶어요."

수학 학원 단원평가 결과나 영어 시험 결과를 가지고 이야기하면서 속마음을 이야기할 수도 있다. 하지만 야구 선수가 되든 되지 않든, 야구 덕분에 행복하고, 야구 때문에 속상하고, 야구를 좋아하는 아이와 부모가 자기 전에 야구 이야기를 하면서 속마음을 이야기하는 것만큼 행복한 일이 있을까.

"지난번에 도현이 어머님이 공유해 주셨던 야마모토 영상을 보면서 같이 감탄하기도 해요. 저희 어머니, 아버지가 저를 부러워하세요. 아들과 같이 공감할 수 있는 무언가가 있다고요. 저를 그렇게 공감해 주면서 키우지 못해서 미안하다고도 하시고. 저는 동네방네 자랑하고 싶어요. 아이가 좋아하는 예체능 하나쯤은 하면서 키우라고요."

가끔 주변 사람들로부터 "아들이 야구를 전공할 것도, 앞으로 프로 선수를 할 것도 아닌데 이렇게 시켜야 하는지 모르겠다."라는 이야기를 듣는다. 야구 선수의 길이 그렇게 좁다면, 야구를 잘하더라도 선수가 되지 않을 확률이 더 큰데 이렇게까지 시켜야 하는지. 그 시간에 공부를 하는 게 더 쉬운 길은 아닌지. 그렇지만 꼭 전공을 하려고 악기를 배우는 것도 아니고, 선수가 되려고 운동을 하는 게 아니라면, 이건 오히려 평생 가는 자산을 쌓는 일 아닐까?

한 가지 확실한 건, 내가 억지로 시키는 것이 아니라, 아들이 야구를 하고 싶어서 하고 있다는 거다. 학원에 억지로 가는 게 아니라 더 가고 싶다는 걸 말려야 할 정도로 아이는 진심으로 행복하게 하고 있다. 그리고 그걸 내가 생중계로 볼 수 있는 이 시간이 감사하다.

p. s. 생각해보니 친정엄마랑 트로트나 야구 이야기는 못해도 주식 이야기나 부동산 이야기는 많이 한다. 엄마, 아빠가 주식을 하시니까 세상 돌아가는 흐름은 나보다 더 아시더라.

아들이 여자 사람 친구와 친해지는 법

　며칠 전, 은재 어머님에게서 연락이 왔다. 아들이랑 같이 등교 버스를 타는 은재가 아들이 두산 베어스 유니폼을 입고 다니는 걸 분명히 봤는데, 두산 베어스가 포스트 시즌에 올라가지 못하고 나서부터 LG 트윈스 유니폼을 입고 오더란다. 그걸 보고 은재가 슬프다고 했단다. 야구인들의 눈썰미란, 아이나 어른이나 보통이 아니다.

　아들은 공부할 때는 전혀 치밀하지 않다. 하지만 야구 이야기할 때는 다르다. 아들의 야구단 선수들의 등번호를 다 외운다. 어떤 친구가 어떤 팀의 팬인지, 또 어떤 선수를 좋아하는지 하나하나 다 기억한다. 같은 팀을 응원하는 유대감이 이 정도라니.

오랜만에 올라온 내 친구 혜리의 SNS에서 익숙한 용어들이 언뜻 보였다. 엄지랑 검지를 이용해서 사진을 확대해 봤더니 다름이 아니라 야구 용어들이었다. 투수, 포수, 1루수, 2루수, 3루수, 유격수, 좌익수, 중견수, 우익수라는 붉은 글씨와 함께 내야 구역과 외야 구역을 구분하는 민트색 글씨까지.

계획대로였으면 혜리의 딸 이현이가 아빠와 함께 문제집을 풀고 채점 받아야 하는 날이었는데, 이현이가 하라는 수학 공부는 하지 않고 아빠랑 2026년 두산 베어스 시즌을 준비하고 있더란다. 엄마 입장에서는 속이 부글부글하기도 하지만 기록하고 싶은 순간이기도 하다. 혜리에게 연락했더니, 혜리 남편과 이현이가 단둘이 야구장을 가려고 남편이 집에서 야구 강의를 시작했다고 한다. 남편이 딸이랑 단둘이 야구장 가는 걸 좋아한다며.

"이현이도 남사친들이랑 야구 이야기를 하면 말이 서로 통하니까 재미있어하더라. 야구는 정말 성별, 세대를 대통합하는 요물이야! 나도 내심 우리 이현이가 사춘기가 되면 아빠랑 둘이 야구장에 다니면 좋겠다고 생각하고 있었거든."

아들의 여사친들은 대부분 야구를 좋아한다. 참 신기하다 싶었는데, 생각해 보니 낯선 사람에게 먼저 말을 걸기를 어려워하는 내향형인 내가 유일하게 먼저 다른 사람들에게 말을 걸 때가 야구 이야기를 할 때라 그런 듯 싶다.

하루는 LG 트윈스 팬인 아들의 여사친인 서연이네 집에 놀러 가서 두엘전을 다 같이 봤었다. 아들은 서연이 어머님께 부끄러워도 인사도 제대로 못 하더니, 두엘전이 시작되자 서연이의 LG 트윈스 유니폼을 같이 입고 LG 트윈스를 응원했다. 아들 덕분에 나는 그날 혼자 외롭게 두산 베어스를 응원했지. 아들은 학교에서 여사친들을 만나면 어색해하고 부끄러워하면서 야구를 볼 때는 같이 응원가도 부르고, 야구 선수들 이야기도 하고, 어깨동무도 스스럼없이 한다. 그날 그렇게 신나게 같이 응원했으면서, 다음날 학교에서 만나니 아들은 서연이에게 인사하는 것도 부끄러워했다.

아들의 여사친인 은재와 은재의 부모님도 엄청난 야구 팬이다.

은재의 아버님이 야구를 좋아하신 나머지 가족이 다 같이 LA와 일본에 야구를 보러 다닐 정도다. 은재는 올해 LG 트윈스 개막전에 아들과 함께 가기로 했다. 아들은 남편에게 "아빠, 올해 반드시 LG 트윈스 개막전 티켓을 구해야 해. 은재랑 같이 가야 한단 말이야."라고 미리 부탁을 해뒀다.

아이가 엄마, 아빠랑 야구장에 많이 가면 많이 갔으니 야구를 좋아하고, 야구장을 많이 가지 않았더라도 친구가 야구를 하니까 야구를 좋아하는 걸 보면, 야구는 남녀노소 상관없이 다 같이 즐길 수 있는 몇 안 되는 스포츠다. 어색할 수 있는 사이, 멀어질 수 있는 사이에 슬쩍 들어가 유대감을 만들어 주는 야구의 매력에 꼭 빠져보시길.

엄마, 내가 없을 때
친구들이 우승하면 어쩌지?

육아휴직은 임신 중인 여성 근로자, 8세 이하 또는 초등학교 2학년 이하 자녀를 가진 근로자가 사용할 수 있는 휴직이다. 나는 모유 수유를 하는 요령을 터득한 50일 무렵에 억지로 단유를 하고 출근했다. 나 대신 남편이 육아휴직을 쓰고, 나중에는 20개월 된 아이랑 같이 회사 어린이집에 출퇴근하면서 육아휴직을 아꼈다. 그랬던 이유는 아이가 초등학교 1학년이 되면 등하교를 해주고 싶어서였다. 그러다 터진 코로나 덕분에 아들이 막상 초등학교에 입학했을 때는 재택 근무를 하게 되어 육아휴직을 조금 더 아낄 수 있었다. 육아휴직의 유효 기간은 아들의 초등학교 3학년 생일이 지나기 전까지였다. 유효 기간 만료일이 다가오자 나는 육아휴직을 쓸지 말지 고민했다. 왜 고민했느냐고 묻는다면 '내가 하는 일이 좋아서', '나의 소명을 다해야 해서', '내가 없으면 회사가 돌아가지 않아서'라고 말하고 싶지만 솔직히 말하면 월급이 아쉬워서 고민했다. 육아휴직이 소멸하기 전에 빨리 결정해서 팀에 전달해야 하는데 회사 눈치도 보였고, 남편도 월급이 소중하지 않냐고 이야기하는 바람에 선뜻 결정하기 어려웠다.

휴가도 마음대로 못 쓰는 좋은 회사(그렇다. 반어법이다.)에 다니는 남편 덕분에 나는 아들이 기저귀 차던 시절부터 아들과 둘이서 여행을 많이 다녔다. 물론 힘들기도 했고, 돈도 많이 들었고, 아들이 기억하는 것 같지도 않아서 가성비를 생각하면 아쉽기도 하지만 아들과 둘이 이야기할 수 있는 추억이 많다.

"도현아, 내가 너 기저귀 찰 때 너를 아기띠에 안고 한 손에는 휴대
전화를 들고 한 손에는 감자튀김이 담긴 에인져스 플라스틱 모자
를 들고 오타니 경기 보러 갔잖아."
"엄마, 지영이 이모 만나러 갔을 때 엄마가 신호를 위반해서 미국

경찰이 하얀색 차 서라고 하고 엄마를 혼냈잖아. '레드 라이트,
노, 노, 노!' 하면서 엄마를 영어 못하는 어린이 취급하고."

"도현아, 레고랜드 갔을 때 기억나? 네가 재미있는 놀이기구는 하
나도 안타고 놀이터에서만 놀아서 엄마 진짜 열받았었어. 얼마나
힘들게 갔는데!"

"엄마, 지혜 이모 친구가 LA 다저스 리포터랑 아는 사이여서 LA 다
저스 선수한테 연습 공 받고 키즈런 하기 전에 마운드에 올라가서
사진도 찍었었는데. 그 이모가 나 기억 못하지?"

나도 어릴 적에는 엄마, 아빠가 주말에 놀러 가자고 하면 좋았
다. 그러다 사춘기가 되면서 부모님보다는 친구들이랑 노는 게 좋
아지기 시작하면서 부모님께 반항하기 시작했다. 나 어릴 적을 떠
올려 보니 아들도 사춘기가 오면 더는 나랑 같이 다니지는 않겠
지, 돈은 좀 아껴 쓰고 당겨쓰더라도 아들이랑 함께 시간 보내는
거에 돈을 아끼지 말자는 생각이 들었다. 때마침 아들이 야구를
조금 더 진지하게 여기기 시작하면서 야구하는 아들을 뒤에서 도
와주고 싶다는 생각이 들었다. 그렇게 육아휴직을 신청하게 되었
다. 육아휴직에 필요한 모든 절차를 마치고, 재직 중인 직장에 인
사말을 남겼다.

안녕하세요, 안지원입니다. 휴직 인사 드립니다. 제가 오늘까지 출근하고 다음 주부터 육아휴직에 들어가게 되었습니다. 상신한 휴직 기간은 2025.1.6.~2026.1.입니다. 막판에 아이가 독감에 걸리는 바람에 점심 식사도 제대로 하지 못하게 되어버려 아쉽습니다. 힘든 시기에 자리를 비우게 되어 송구스러운 마음도 있고, 또 아들의 야구 뒷바라지를 하게 되어 신나는 마음도 쬐끔 있습니다. 제일 중요한 건 누가 뭐래도 건강이니, 다들 건강 잘 챙기시고 2026년도에 만나요. 연말 잘 보내시고, 영화 《트루먼 쇼》의 명대사로 인사 남겨봅니다. "Good morning! In case I don't see ya, good afternoon, good evening, and good night." "I don't see ya."하는 경우는 없을 예정이니 저 돌아오면 반겨주십쇼! 건강하게 2026년도에 만나요! 감사합니다.

육아휴직 후, 이정후를 보겠다고, 오타니를 보겠다고 미국을 여러 번 다녀왔다. 내 인생에 육아휴직은 다신 없을 것이고, 육아휴직이 아니면 못할 것 같았던 건 먼 해외를 오래 다녀오는 거였으니까. 자기 계발 같은 건 생각도 안 했고 정말 진심으로 육아하기로 마음을 먹었다. 그렇게 2025년 7월 11~13일 샌프란시스코 오라클 파크에서 LA 다저스의 원정 경기를 보러 갈 준비를 하고 있었다. 그러다 아들 야구 시합이 잡혔다. 아들이 야구 시합을 하고 가면 경기를 보지 못하는 일정이라 결국은 야구 시합을 포기했다.

"아줌마, 도현이 이번에 미국 가요?"

"응, 오타니 보러 다녀오려고. 왜?"

"우리 이번에 정말 우승할 수 있을 것 같은데…. 도현이가 없으면 우승하기 어려울 것 같은데 꼭 가야 해요?"

"아… 미안해. 다음에는 아줌마가 꼭 시합 일정 확인하고 여행 일정 겹치지 않게 할게. 그렇게 말해줘서 고마워!"

그렇게 오타니의 선발 경기를 보고 숙소에 돌아와 아들 친구들의 시합을 봤다. 주전들이 많이 빠져서 시합에 나가는 친구들이 걱정이 많았는데, 아이들이 정말 잘했다. 3학년 친구들, 4학년 형들이 모두 다 이겼고 아들 친구들은 준결승까지 진출했다.

"엄마 생각에는 이번에 네 친구들 정말 우승할 것 같아. 올해 우리 진짜 열심히 했잖아."

"엄마, 그런데 내가 없는데 친구들이 우승하면 어쩌지?"

나는 아들 마음이 궁금했다.

"친구들이 우승할 것 같은데, 왜? 네 기분이 어떤데?"
"친구들이 우승하는 건 좋은데 내가 빠져서 너무 섭섭해."
"네 마음이 무슨 마음인지 엄마도 알아. 걱정 마. 일단 친구들이 우
  승할 수 있도록 열심히 응원해 주자."

그런 일이 있은 뒤 얼마 지나지 않아서였다. 매년 1월, 리틀 야
구 연맹 일정이 나온다. 이번에는 시합을 놓치는 아쉬운 상황이
생기지 않도록 야구 시합 일정을 확인하고 아들과 같은 반이었던
친구들과 같이 여행을 가기로 결정했었다. 그러다 리틀 야구 일정
이 바뀌는 바람에 여러 번 다시 여행 날짜를 바꾸었다. 하필이면
시합 몇 주 전, 시합 일정이 한 번 더 바뀌었고 결국 시합에 또 못
가게 되었다. 아들 친구가 이번에도 말했다.

"도현아, 네가 없으면 우리 팀 우승 못 해. 이번에도 꼭 가야 해?"

그런데 정말로 이 시합에서 아이들이 우승했다. 정말 대견했
다. 아들이 없으면 우승 못 한다고 했던 아들 친구가 아들을 만나

했던 말이 아직도 잊히지 않는다.

"도현아, 우리 너 없을 때 우승했어."
"알아. 멀리서 나도 같이 응원했어."
"도현이가 없어서 우승한 거라고 말하려고 하는 거야?"
"코치님, 당연히 아니죠. 도현아, 네가 없는데 우리가 우승해서 아
  쉬웠어. 너랑 꼭 같이 우승하고 싶었어!"

내가 잘해서, 내가 중요해서, 내가 어떤 역할을 해야 해서가 아
니라 혹시나 내가 없을 때 내 자리가 사라질까 봐 걱정하는 아들의
날것의 마음, 시합에 빠졌던 아들의 섭섭함과 친구가 없어서 아쉬
워했던 아들 친구의 마음이 고스란히 느껴졌다. "내가 빠졌는데도
우승해서 섭섭해."가 아니라 "친구들이 우승해서 좋아."라고 말하
는 아들의 마음이 좋았다. "네가 없었는데도 우승해서 좋아."가 아
니라 "네가 없는데 우승해서 참 아쉬웠어."라고 말하는 아이들의
마음을 내가 라이브 중계로 볼 수 있어서 뭉근한 마음이 들었다.
  정말 안심이야. 몸도 마음도 건강하게 자라고 있어서.

  p. s. 육아휴직 사용하실 수 있으면 꼭 사용하세요. 다만, 미리

돈을 좀 모아두시길 추천합니다. 마이너스 통장이라도 미리 뚫어 놓읍시다. 시간이 아무리 많아도 돈이 모자라면 이 시간을 만끽하기가 쉽지가 않더라고요.

네 루틴은 네가 스스로 챙기렴

아들이 초등학교 3학년이 되면서 야구에 집중하겠다는 이유로 영어 학원과 수학 학원을 그만두었다. 주변 어머님들께서는 그만 두면 안 된다고, 수학은 놓으면 더 안된다고 걱정해 주셨다.

솔직히 말하면 아들이 수학 학원에 다닐 시간이 없었던 건 아니다. 학원만 다녀도 된다면 충분히 다닐 수 있는 상황이었는데 문제는 숙제였다. 수학 학원에 일주일에 한 번 가니 숙제도 한 번밖에 없고 양도 많지 않았는데 어려워서 못 풀겠다고 닭똥 같은 눈물을 뚝뚝 흘리질 않나, 아빠랑 같이 하라고 이야기했더니 아빠도 어려워서 모르겠다고 하지를 않나, 남편은 애가 전혀 이해하지도 못했는데 이런 걸 왜 시키냐고 나를 비난하질 않나. 내가 무슨 부귀영화를 누리겠다고 아들과 싸워가며 남편에게 비난을 들어가며 돈 들여 스트레스를 받아야 하나 싶어서 그만두기로 했다. 그만두기 전에는 수학 학원을 그만두면 큰일 나는 줄 알았다. 나중에 서울대에 못 가면 초등학교 3학년 초에 수학 학원을 그만두었기 때문일 것만 같았다.

"수학 학원 그만 다닐까?"

"좋아! 그런데 숙제는 안 하고 학원만 다니면 안 돼?"

"안 돼. 수업도 중요하지만 네가 숙제를 스스로 해야 그게 너의 공부가 되는 건데 1년 반 동안 네가 스스로 숙제하는 걸 한 번도 못 봤어. 엄마가 계속 기다려 줬는데 이제 더는 못 기다려 줘. 그냥 그만둬!"

수학 학원을 그만두면 큰일 나는 줄 알았는데 당연히 아무 일도 일어나지 않았고 시간이 지나니까 편했다. 내 인생도 챙기기 힘든데 아들 숙제를, 그것도 매번 서로 마음 상해가면서 도대체 왜 그렇게 챙겼던가.

그렇게 아들은 3학년이 되면서 일주일에 야구 6번, 수영 2번, 농구 1번, 축구 1번, 그리고 논술 3번 다니는 일정을 소화하게 되었다. 숙제가 있는 학원은 논술 학원밖에 없었고 숙제라고 해 봤자 수업 시간에 못 읽은 책 한 권을 읽는 것이었다. 논술 학원에 다니기 시작했을 때는 책을 다 읽었는지 확인하며 챙겨줬어야 했는데 시간이 지나니까 아들이 학교 쉬는 시간에 읽는다고 알아서 챙겼다. 자기 숙제 자기가 알아서 챙기는 건 당연한 건데 이게 뭐라고 기특하기도 하고, 또 한편으로는 당연한 걸 하는데 내가 왜 기특해야 하는 건지 억울하기도 했다.

어느 날이었다. 아들이 학교 끝나고 바로 야구 개인 레슨을 한 다음 단체 수업을 하고, 야외훈련을 갔다가 수영을 하는 날이 있었다. 수영 가기 전에 배고파하기는 했지만 아들이 도통 힘들어하지 않았다. 9시 넘으면 쓰러져 잘 줄 알았는데 배고프다며 밥을 해 달라는 말은 해도 잠을 자려고 하지를 않았다. 에너지가 넘치는 아들은 운동을 시켜야 한다고 하던데, 아들은 에너지가 넘치는 편도 아닌데 운동을 하루 종일 해도 에너지가 남아있어서 의아했다.

아들 친구들은 야구 수업을 2개만 붙여도 피곤해 한다는데 도대체 애는 왜 이럴까. 어떤 수업이 힘든지 물어봤더니 힘든 수업은 없고, 재미있다는 이야기만 해서 도대체 뭐가 문제인지 한참을 고민했다.

그래서 아들이 싫어함에도 불구하고 수업을 참관해봤다. 야외에서 하는 필드 훈련도 따라가서 보고, 개인 레슨도 참관해 보고, 단체 수업도 종류별로 참관했다. 몇 번 보다 보니 아들이 왜 피곤해 하지 않는지 알게 되었다. 아들이 다른 아이들이랑 비교해서 어떤 부분이 다른지도 알게 되었다. 그리고 그게 나쁘거나 잘못된 것이 아니라 그냥 아들의 성향인 듯하여 내가 잔소리를 한다던지 성향을 바꾸려고 하는 게 오히려 잘못된 일이라는 판단이 들었다.

내가 분석한 바는 이렇다. 아들이 개인 레슨을 할 때에 코치님이 아들에게 100 % 썼냐고 물어보시면 100 %를 썼다고 대답하지만, 실제로는 70 %도 쓰지 않는 듯 보였다. 그건 코치님도 계속 말씀하시는 부분이었다. "도현아, 지금 힘을 100 % 쓴 거 맞아? 아닌데? 그거 밖에 못해?"라고 혼이라도 내실 줄 알았는데 "그래? 이게 100 %였어? 그러면 앞으로 200 %를 쓰도록 해봐."라고 하시는 걸 보고 속으로 감탄했다. 그렇게 예쁘게 말할 수도 있구나.

야외에서 하는 필드 훈련에서도 비슷했다. 단체로 기초 체력을 높이는 훈련을 할 때를 제외하고는 수비나 타격 연습을 할 때 대기하는 시간이 길다. 대기하는 시간에 어떤 아이들은 발을 계속 굴리거나 혼자 글러브에 공을 던져 보는데 아들은 그냥 가만히 서 있었다. 타격 연습하는 아이들의 공을 수비수로 받는 연습을 할 때도 마찬가지였다. 다른 아이들은 받지 않아도 되는 공인데도 받고 싶어서 기를 쓰고 달려가는데, 아들은 정말 정직하게 자기 앞으로 떨어지는 공이 아니면 뛰어가서 잡을 생각을 하지 않았다. 그러니 남들보다 움직임이 덜할 수밖에.

"도현아, 다른 애들은 외야 수비를 할 때 자기 공이 아니어도 저쪽에서 달려와서 받으려고 하던데 너는 왜 가만히 서 있어?"
"(엄청나게 화를 내면서)내 공이 아닌데 그걸 달려가서 받으면 안 되지, 엄마. 그리고 내가 언제 가만히 서 있었어? 엄마가 해봐, 쉬운 줄 알아? 내가 왜 가만히 서 있는다고 생각해?"

생각해 보니 내가 아니라 아들이 배우고 있는 거고, 따지고 보면 아들이 나보다 야구를 더 잘하는데 내가 아는 척하고 훈수를 둘 수 있을까? 아들의 에너지를 빼는 일까지 엄마인 내가 챙겨줘야 하는 걸까? 아들은 자기 스타일대로 배우고 있는데 내가 다른 아이들과 아들을 비교하면 안 된다는 생각이 들었다.

"도현아, 너는 꿈이 뭐야?"

"야구 선수."

"야구 선수가 되는 게 꿈이야?"

"응, 엄마는 몰라서 물어?"

"야구 선수가 꿈이면, 야구단 갈 때만 야구하면 야구 선수가 될 수 있을 거 같아?"

이때부터 아들은 기분 나쁜 표정을 짓기 시작했다.

"…"

"엄마 생각에는 네가 너만의 루틴을 만들어서 매일 지켜야 할 것 같아. 그걸 엄마가 해 줄 수는 없을 것 같고 네가 스스로 챙겨서 해야 할 것 같아."

듣기 싫은 잔소리지만 부정할 수 없는 이야기였다. 아들도 입을 삐죽 내밀기는 했어도 "알지도 못하면서."라는 말은 하지 않았다.

1년 동안 아들을 레슨해주신 코치님께 아들의 루틴을 짜주실 수 있는지 여쭤봤다. 코치님이 나를 이상한 엄마라고 생각하셨을 수도 있겠지만, 소극적이고 표현하지 않는 아들이라 내가 이 부분은 챙겨줘야겠다 싶었다.

"어머님, 도현이는 기술적인 것보다 내성적인 성격이 항상 걸림돌 이에요. 그걸 깨는 순간이 빠르게 오길 바랍니다."

스스로 내성적인 면을 깨려면 어디서부터 시작해야 할까. 나는 자신과의 약속을 만들고 그 약속을 지키는 연습부터 하는 것이 좋 겠다고 생각했다. 아들이 직접 코치님께 상담을 요청했다.

"코치님, 저 매일 팔 굽혀 펴기를 100개씩 할게요."
"도현아, 과한 목표를 잡는 건 안 돼. 네가 지킬 수 있는 목표를 설 정해야 매일매일 지킬 수 있어. 그래야 그게 너의 루틴이 되는 거 야. 매일 팔 굽혀 펴기 100개를 정말 할 수 있겠어?"
"네, 할 수 있어요."

"정말 할 수 있겠어?"

"네."

그리고 며칠 뒤, 코치님이 아들의 루틴을 짜서 보내주셨다.

<타자 스케줄>

✓ 체조 가볍게 10분 러닝

✓ 팔 굽혀 펴기 10개씩 3세트

✓ 스윙 전력으로 30개(땅 보고 돌리지 않기)

✓ 단거리 러닝 10m 10개

✓ 방에서 윗몸 일으키기 20개씩 3세트

<투수 스케줄>

✓ 체조 10분 러닝

✓ 팔 굽혀 펴기 10개씩 3세트

✓ 쉐도우피칭

✓ 다리 벌려서 빠른 쉐도우피칭(20개씩 5세트)

✓ 단거리 러닝 10m 10개

✓ 윗몸 일으키기 20개 3세트

아들은 엄마랑 이야기하는 것보다 코치님이랑 이야기하는 게 더 좋았나 보다. 코치님이 알려주신 루틴을 지키려고 꽤 노력했다.

"엄마, 나 오늘은 스쿼트 30개 했는데 그거 윗몸 일으키기 대신으로 쳐도 되는 거지?"
"엄마, 나 아까 러닝머신에서 10분 걸었는데 그거 10분 러닝으로 쳐도 되는 거지?"
"엄마, 배드민턴채로 스윙 돌린 것도 스윙 전력으로 치는 거야."

냉정하게 말하면 코치님이 만들어 주신 루틴을 아들이 100% 제대로 한 적은 없다. 하지만 루틴을 신경 쓰고 지키려고 애쓰는 모습은 보여주고 있다. 덩달아 나도 팔 굽혀 펴기를 60개씩 하고 있고 하고 싶지 않은 잔소리도 하고 있지만, 그래도 언젠가는 아들이 스스로 만든 루틴을 알아서 지키는 날이 오지 않을까?

영어 학원이나 수학 학원의 레벨 테스트를 준비해 주거나 수학 학원 단원평가를 준비해 주는 일 대신 도움 되는 운동이 뭐가 있는지 같이 이야기 나누면서 운동 루틴 지킬 수 있도록 도와주는 엄마가 된 것 같아서 어쩐지 으쓱해진다.

아들, 네가 잘못하고 있다는 말이 절대로 아닌 거 알지? 앞으로는 숙제도 꼼꼼하게 스스로 잘 챙기고, 지금의 루틴을 너한테 더 맞게 잘 다듬어서 스스로 매일 지킬 수 있도록 했으면 좋겠어. 엄마가 응원해 줄게.

야구를 덜어내러 갔는데요?
(ft. 삼성 라이온즈 스프링 캠프)

　야구를 나의 일상에서 덜어내면 어떨까. 내가 야구를 좋아해서 아들이 좋아하는 건 아닐까. 아들이 별로 선택하고 싶지 않았던 방향이었을 수도 있지 않을까. 아들의 환경을 한 번 바꿔 보면 어떨까. 이런 생각 끝에 나는 육아휴직을 낸 뒤 아들과 단둘이 야구가 없는 환경에서 지내보기로 했다. 그게 지금 당장 내가 아들에게 해 줄 수 있는 일 같아서였다.

　그렇게 아들과 나는 TV도, 인터넷도, 넷플릭스도, 닌텐도도, 유튜브도 없는 곳으로 왔다. 떠나기 전, 코치님께서 아들에게 야구는 잠시 잊고 다른 운동도 하면서 즐겁게 지내다 오라고 해 주셨다. 아들과 나는 아쉬운 마음에 야구를 덜어내자면서도 야구 유니폼, 배트와 글러브를 챙겼다. 잠시 머물려고 온 곳에서도 야구 시합 구경을 몇 번 가기는 했지만, 그 정도가 다였다. 그러던 차에 삼성 라이온즈 선수들이 이곳으로 전지훈련을 왔다는 사실을 알게 되었다.

"엄마, 선수들이 어떤 훈련하는지 구경하고 싶어."
"그래? 그럼 한 번 가볼까?"

아들과 나는 비포장도로를 한참 달려 삼성 라이온즈 선수들이 훈련한다는 곳으로 갔다. 입구에 있던 직원에게 물어보니 지금쯤 헬스장에서 운동하고 있을 거라며 헬스장 위치를 알려주었다. 부랴부랴 헬스장까지 갔더니 선수들은 온 데 간 데 보이지 않고, 언더아머의 삼성 라이온즈 스프링 캠프 모자와 수첩만 보였다. 잠시 후, 수첩의 주인공이 등장했다. 삼성 라이온즈의 최일언 코치님이었다. 가볍게 인사를 드리고 선수들이 훈련하는 걸 구경해도 되냐고 여쭤봤더니 흔쾌히 허락해 주셨다.

아들과 나는 신나서 투수들이 몸을 푸는 광경을 구경했다. 한참을 구경하고 있는데 최일언 코치님이 다가오셔서 우리에게 말을 거셨다.

"도현이도 리틀야구단인가요? 김광림이라는 내 친구도 리틀야구단을 하고 있어요."

"어머, 분당구 리틀야구단 감독님이시잖아요. 선하고 좋으신 분이시던데요. 저도 몇 번 뵌 적 있어요."

"그러시군요. 그 친구가 선하지요. 도현이는 포지션이 뭔가요?"

"포수예요."

"그렇군요. 제 주변에 포수를 정말 잘 키우는 친구가 있어요."

"누구신데요?"

"지금 WBC를 준비하러 가 있어요."

이때 약간 정신이 들었다. 나 지금 프로 야구 선수 출신 코치님과 대화 중이지? 아들의 꿈을 이룬 사람, 아들의 꿈을 이룬 사람들의 코치.

한참 구경하고 나니 삼성 라이온즈 선수들이 하나둘씩 들어왔다. 양창섭 선수가 아들의 유니폼을 보시고 아들이 속한 야구단의 감독님은 누구신지, 코치님들은 누구신지 물어봐 주셨다. 양창섭 선수가 살짝 어색할 수 있는 아들과 나를 배려해서 말을 걸어주는 게 느껴져 고마웠다. 곁에 계시던 최일언 코치님이 물어보셨다.

"선수 사인 받고 싶은 거 아니에요?"

사실 사인보다는 프로 야구 선수들이 훈련하는 모습이 보고 싶었던지라 뭐라고 대답해야 할지 잘 모르겠더라. 아들의 포지션이 포수라고 했으니 포수의 사인을 받자 싶었다.

"아, 아들이 포수라서요. 강민호 선수요."
"민호는 30분쯤 뒤에 들어올 거예요. 지금 야수들 슬슬 넘어오네요."

선수들의 훈련은 계속되었다. 문 앞에서 구경하고 있으려니 원태인 선수도 지나가고, 아들이 잘생겨서 좋다고 했던 김영웅 선수도 지나갔다. 아들에게 트레이드의 개념을 처음 알려주었던 류지혁 선수와 구자욱 선수도 지나갔다. TV에서만 보던 선수들을 가까이에서 보다니. 꿈만 같이 신기해서 지나가는 선수들에게 인사하고 한참을 서서 구경했다.

갑자기 훈련 중이던 선수 중 하나가 아들에게 훈련 장소로 들어오라며 불렀다. 아들은 선수들이 몸 풀고 있는 공간에 들어갔다. 나는 문 앞에 서 있어서 무슨 대화가 오고 가는지 자세히 듣지는 못했지만, 선수들의 표정이 한눈에 들어왔다. 아들을 바라보는 눈빛에 애정이 가득했다. 아들의 꿈이 야구 선수인지, 어느 팀의 팬인지 물어보는 것 같았다.

아들의 꿈이 야구 선수라고 하니, 구자욱 선수가 아들에게 팔 굽혀 펴기 100개를 해보라고 했다. 마침 아들이 야구는 잠시 내려놓고 있었지만 매일 가볍게 러닝 10분, 팔 굽혀 펴기 20개씩 3세트를 하는 루틴은 꾸준하게 지키고 있던 차였다. 아들이 팔 굽혀 펴기를 하니 구자욱 선수가 같이 리듬을 타 주었고, 그 광경을 지켜보던 류지혁 선수가 미소를 지어 주었다. 야구 선수가 꿈인 아들이 야구를 잠시 덜어내려고 온 이곳에서 아들의 꿈을 이룬 사람들에 둘러싸여 있는 그 상황이 비현실적으로 다가왔다.

며칠 뒤, 두산 베어스 팬인 내 친구 혜리네 가족과 만났다. 혜리는 아들이 구자욱 선수와 찍은 사진, 내가 류지혁 선수와 찍은 사진을 출력해서 코팅해왔고, 매직펜과 선수들의 사인을 받을 공책까지 챙겨왔다. 우리는 선수들이 한국으로 돌아가기 전에 한 번 더 가보기로 했다.

두 번째로 방문한 날, 우리는 타자들이 타격 연습하는 곳으로 갔다. 입구로 들어가려는데 파란 유니폼을 입은 선수가 우리 곁을 지나갔다. 나는 0.0001초 만에 알아봤다. 내가 한때 좋아했던 이종욱 선수였다.

용기를 내어 인사를 드리면서 아들과 내가 이종욱 선수의 응원가를 부르면서 논다고도 말씀드렸다. 이종욱 선수의 사인을 받은 우리는 신나는 마음으로 타격 연습을 구경하러 갔다. 한참을 구경하다가 내가 혜리에게 물었다.

"혜리야, 내가 착각하는 거겠지?"
"무슨 착각?"
"타자들이 도현이를 알아보는 거 같지 않아?"

그때였다.

"김도현, 김도현!"

구자국 선수였다. 선수들이 아들을 먼저 알아봐 주었다. 마침 옆을 지나가시던 이종열 단장님께서도 아들에게 말을 거셨다.

"너 왜 벨트를 안했어?"

선수들을 구경하러 오기 전에 아들에게 벨트를 꼭 하고 유니폼을 입으라고 했었다. 아들은 나에게 하기 싫다고 짜증을 내면서 하지 않았는데, 이날 벨트를 왜 하지 않았느냐는 소리만 8번쯤 들었다.

이종열 단장님께서는 쭈뼛거리는 아들을 보고 아들의 성격이 10초 만에 간파가 되셨는지 이런 말씀을 해주셨다.

"도현아, 나중에 야구 선수가 되려면 강해져야 해. 네 성격을 깨야 해."

아들의 코치님이 정말 자주 하시는 말씀인데, 이종열 단장님도 토씨 하나 틀리지 않고 똑같이 말씀해 주셨다.

"도현아, 삼성 라이온즈 팬 해 주면 안 될까? LG 트윈스랑 시합할 때는 LG를 응원하고 다른 시합 때는 삼성을 응원해 주면 안 될까? 이거 하나 남은 모자인데 선물로 줄게. 대신 LG 트윈스 시합 제외하고 삼성 라이온즈 응원하지 않으면 내가 너희 집으로 모자 뺏으러 갈 거야. 팔아먹으면 안 돼!"

그러면서 쓰고 계시던 스프링 캠프 모자를 주셨다. 상상도 하지 못했던 상황이라 감사 인사를 몇 번을 했는지 모른다.

그날 구자욱 선수는 올라오면서 아들한테 배트를 선물로 주셨다. 영문으로 구자욱이라고 새겨진, 비닐도 안 뜯은 새 배트였다. 아들이 또 구경하러 온 것을 보고 챙겨서 올라오신 것 같았다. 아들은 구자욱 선수가 불러주는 카운트에 맞춰서 울먹거리면서 배팅을 했다. 아들이 울먹거리니, 옆에서 지켜보던 분이 구자욱 선수에게 아들이 구 선수를 싫어하겠다며 놀렸다. 그 말을 들은 구자욱 선수는 아들에게 장난을 쳤다.

"도현아, 너 내가 싫으면 나중에 프로 야구 선수가 되어서 내 사구를 맞춰. 너 앞으로 매일 배팅 300번씩 돌릴 거야?"
"네…"

"그럼 난 301개 돌릴 거야. 아니다, 302개 돌려야겠다."

아들에게 말도 걸어주고 선물도 준 구자욱 선수에게 우리가 준비해 온 선물을 건넸다. 혜리가 코팅까지 해온 구자욱 선수와 아들의 사진이었다. 구자욱 선수와 아들과 다 같이 사진을 찍으며 이 순간을 기념했다. 이 날은 우리에게 평생 잊을 수 없는 날이 되었다.

우리는 운이 좋게도 김헌곤 선수도 만날 수 있었다. 김헌곤 선수의 아들은 8살이고 앞으로 야구를 하고 싶어한다면서 걱정이 된다, 시키지 않고 싶다고 하셨다. 그렇게 잠시 야구하는 아들을 둔 부모들의 수다를 떨었다.

"아들에게 야구를 시키는 부모의 입장에서는 아들이 야구해서 행복하고 좋아요. 선수님의 아이가 야구하고 싶다고 하면 시켜주세요."
"저희 부모님은 제 시합도 보지를 못하셨어요. 긴장하시고 걱정하셔서 그러셨겠죠."
"저도 아들이 투수로 올라가면 보지 못하기는 해요. 그래도 요즘같이 AI가 떠오르는 시대에 야구 선수는 최고의 직업 아니에요? 아들이 야구 선수가 된다면 저는 정말 좋을 것 같아요."

현직 프로 야구 선수인 김헌곤 선수와 내가 아들의 야구 진로에 관한 이야기를 나누는 이 상황이 정말 비현실적으로 느껴졌다. 한참 대화를 나눈 뒤 김헌곤 선수는 아들에게 하고 계시던 배팅 장갑을 벗어 주셨다. 뭐라도 주고 싶은데 줄 것이 없다고 하시면서.

나도 뭐라도 드리고 싶은데 무엇을 드릴 수 있을지 모르겠지만 이렇게 책으로나마 감사 인사를 드리려 한다.

아들과 나에게 평생 잊을 수 없는 추억을 만들어 주신 이종열 단장님, 구자욱 선수, 김헌곤 선수, 류지혁 선수, 삼성 라이온즈 스프링 캠프에 계셨던 모든 선수분들과 코치님들, 스태프 분들 진심으로 감사합니다.

3부

엄마가 언제
두산 베어스 팬이
되었냐면

나는 어쩌다가 두산 베어스 팬이 되었을까

"엄마, 엄마! LG 트윈스가 우승했어, 대박! LG 트윈스가 우승했어!"

LG 트윈스 팬인 아들이 신이 나서 날 부른다. 2025년 한국 시리즈에서 LG 트윈스가 한화 이글스를 4승 1패로 꺾고 통합 우승했다. 두산 베어스 팬인 나는 내심 한화 이글스가 좀 잘해줘서 7차전까지는 했으면 하는 마음이었는데 말이다.

단체카톡방에서는 LG 트윈스의 우승을 기뻐하는 LG 트윈스 팬이 선물을 나누어 줬다. 선물을 준 분은 "94년에 야구 입문해서 그 해 LG 트윈스의 우승을 보고 팬이 되었으니, 29년을 기다렸습니다."라고 말했다. 두산 베어스 팬인 분은 "남편이랑 두산 베어스 한국 시리즈 우승 경기를 직관하고 그날 처음 사귀었는데 그게 벌써 6년 전이에요. 70, 80년대에 태어난 서울 사람들은 대부분 1994년부터 LG 트윈스 팬이었을 거예요."라고 했다.

그렇다면 80년대에 태어난 서울 사람인 나는 어쩌다가 두산 베어스 팬이 되었을까.

나는 대학생 때 야구장을 처음 가봤다. 정확하게는 대학교 4학년, 취업을 준비하던 시기였다. 중학교 때는 연합고사를 잘 봐서 좋은 고등학교에만 가면 되는 줄 알았고, 고등학교 때는 수능을 잘 봐서 좋은 대학교에만 가면 신나는 인생이 펼쳐지는 줄 알았다. 중학교 때는 미술학도를 꿈꾸며 서울예고 시험을 봤는데 내가 다니던 화실에서 나만 유일하게 서울예고에 불합격했다. 그리고서 대학교에 입학했는데 아쉬운 마음이 들어 다시 수능을 쳤다. 꽤 잘 봤지만 내가 가고 싶던 대학에 갈만한 성적은 아니었다.

그래도 일단 대학교에 들어가기만 하면 괜찮을 줄 알았다. 대학교에 들어가기만 하면 나는 성인이 될 테고, 학창 시절 성적표의 우수 여부와 상관없이 찬란한 장밋빛 인생이 펼쳐지는 줄 알았다. 대학교에 들어가기만 하면 가만히 있어도 졸업하고 취업하는 줄 알았다. 잔디밭에서 막걸리를 마시면서 니체를 논하고 칸트를 이야기할 줄 알았다. 그런데 이게 웬걸. 대학교 공부는 놀라울 정도로 재미없었다. 재미는커녕 어려웠다. 대학생이 되면 재미없는 공부는 다 끝날 줄 알았는데 조명도 없이 깜깜한 동굴 속에 갇힌 기분이었다. 숨이 막히고 암담했다. 밤새워 공부해서 D-를 받은 전공과목을 재수강해서 C+를 받은 날, 내가 전공을 잘못 선택했거나 내가 바보 멍청이거나 둘 중 하나라고 생각했다.

졸업할 때 학점 3.0, 토익점수 650점만 넘기자고 생각했다. 그렇게만 하면 대기업에 취업할 수 있을 거라고 믿었다. 대기업에만 취업하면 된다는 희망으로 꾸역꾸역 대학에 다녔다.

그러나 대학 생활은 당황스러움의 연속이었다. 분명 그동안 마냥 놀지는 않았다고 생각했는데 학점 3.0을 넘기는 일이 왜 이렇게 어려운지 당황스러웠다. 재수강, 삼수강까지 한 과목도 있었고, 방학 때는 계절 학기를 들으며 학점을 겨우 채워서 4.3 만점에

2.93, 4.5 만점에 3.02로 졸업했다. 졸업을 하기는 했다. 4년 만에 어학연수도 가지 않고 말이다. 하지만 1년 동안 휴학하고 어학연수를 다녀오는 것이 유행이던 시절에 가성비 좋게 4년 만에 대학을 졸업했다는 사실은 나의 취업에 아무런 득이 되지 못했다.

4학년 1학기부터 준비한 대기업 공채에 다 떨어졌다. 대한민국의 대기업이란 대기업에 원서는 다 넣은 것 같은데 최종 면접에서 떨어진 곳만 다섯 군데가 넘었다.

삼성전자 공채를 썼다. 서류를 통과하고 면접에서 떨어졌다. LG전자, 국민은행, 신한은행, 하나은행을 지원했고 떨어졌다. KOICA, 서울보증보험을 지원했고 떨어졌다. 네이버, 다음, 엔씨소프트를 지원했고 떨어졌다. IBM을 지원했다. 면접에서 떨어져서 나오는데 "면접까지 온 것만으로도 자부심을 느끼셔도 됩니다. 유학생이 아니면 면접까지 오기 힘들어요."라는 말을 들었다.

울먹거리면서 나왔다. 지금까지 키워주시고 대학교 등록금까지 내주신 부모님께 부끄러웠다.

며칠이 지나 삼성전자 공채를 또 쓸 수 있다는 이야기를 들었다. 한 번 더 지원했다. 면접을 보던 날, 오늘은 기필코 나의 매력을 발산해서 반드시 파란 피가 흐르는 삼성인이 되리라 다짐했다. 연습해 온 자기소개를 완벽하게 하고 질문이 오기를 기다렸다.

"강남에서 나고 자라셨네요?"

"네, 그렇습니다."

"어릴 때 바이올린을 했었다고요?"

"네?"

"왜 취업을 하고 싶나요?"

"우리나라에서 제일 큰 기업에 취업해서 지금까지 배운 지식을 실
   용적으로 활용하고 싶습니다."

"아니, 그게 아니고. 왜 취업을 하고 싶냐고요. 열심히 교육시키고
   일 시킬 수 있을 때쯤 되면 공부하거나 결혼한다고 그만 두는 거
   아니에요? 취업이 그렇게 절실한 사람은 아닌 것 같아서. 부족함
   이 없으면 절실함이 없더라고, 하하. 오해는 말아요, 나쁜 이야기
   는 아니니까."

전공 관련 질문은 듣지도 못하고 한순간에 취업이 절실하지 않
은 취업 준비생이 되어버렸다. 파란 피가 흐르는 삼성인이 되는 건
포기했다.

친구들은 내가 취업이 되지 않으니 'AZ 데이'를 만들어줬다. AZ 데이는 내가 주인공인 날이었다. 나는 지갑을 열면 안 되고 하루 종일 친구들을 따라다니면서 놀기만 하면 되는 날이었다. 어떤 날은 포장마차에서 술을 마시기도 했고, 어떤 날은 노래방에서 새벽까지 노래를 부르기도 했다. 그러던 어느 날.

"안지야, 오늘은 야구장에 가자."

"나 야구장에 한 번도 안 가봤어. 야구 규칙도 모르는데?"

"괜찮아. 그냥 가면 돼."

"어느 팀 응원할 건데?"

"당연히 두산 베어스지."

"왜 당연히 두산 베어스야?"

"우리가 두산 베어스니까. 너도 당연히 두산 베어스 팬 해야지."

"너희는 왜 두산 베어스 팬인데?"

"LG 트윈스가 못하니까."

그렇게 처음으로 야구장에 간 날, 나는 두산 베어스를 응원했다. 친구들이 야구장에서는 소주에 피자 먹는 게 멋이라고 하길래 피자에 소주를 마시기로 했다. 정신여고 맞은편에 있는 잠실야구장, 티켓을 내고 들어가서 TV에서만 보던 야구장을 실제로 본 그 순간, 신기하게도 마음이 확 트이고 기분이 좋았다. 그때 친구들이 잡아준 자리가 친구들 말로는 제일 신나는 자리, 1루 응원석 자리였다. 처음에는 응원가도 율동도 하나도 몰라서 눈치만 보고 있었는데 두세 번의 공격이 지나고 나니 단순하기도 하고 패턴도 나름 있는 것 같고 멜로디도 귀에 익은 멜로디여서 얼추 따라할 수 있었다. 나이트나 클럽에 가서 춤추는 것보다 야구 선수 응원가에 맞춰 율동하는 게 훨씬 재미있었다.

무엇보다 안개가 가득해서 앞이 안 보이는 것만 같은 답답한 내 상황을 오랜만에 잊어버리고 야구 경기를 신나게 볼 수 있어서 좋았다. 그리고 그날 두산 베어스는 참 잘했다.

야구 시합 중에 주자가 이유 없이 뛰면서 슬라이딩을 하길래 친구에게 물었다.

"저 선수는 유니폼이 더러워지게 왜 뛰어?"
"저건 도루라는 거야."

"어차피 홈런을 치면 다 들어올 텐데 굳이 저 주자는 왜 1루에서 2
  루로 저렇게 뛰는 거야?"
"홈런이라는 게 그렇게 쉽게 나오지 않으니까."

주자가 도루로 2루까지 달렸는데 그 *이닝이 끝났길래 내가
말했다.

"저렇게 아웃될 거였는데 괜히 도루하느라 애썼네."
"그렇긴 한데, 저렇게 아웃되지 않을 수도 있는 거니까. 눈치 봐서
  뛸 수 있으면 일단 뛰고 봐야지. 두산 베어스는 허슬두(Hustle Doo)
  니까."
"응? 허슬두?"
"두산 베어스는 *허슬 플레이를 해. 몸을 사리지 않아. 실수는 해
  도 괜찮은데 대충하고 몸을 사리는 건 용납하지 않아. 그래서 두
  산이 잘하는 거야."

◆   야구에서, 한 회를 이르는 말. 양 팀이 공격과 수비를 한 번씩 끝내는 동안을 이른다.
◆   스포츠에서 팀 사기를 올려주는 몸을 사리지 않는 투지 넘치는 플레이를 이른다.

어차피 안될 텐데 왜 하지? 이왕 하는 거면 완벽하게 잘할 수 있어야 하는데? 그러려면 더 준비해서 해야 하지 않아? 나는 꼭 대기업에 취업해야 하는데?

내 삶의 위대한 목표나 지향점이 취업은 아니었다. 그럼에도 완벽하게 준비된 채로 실패 없이 취업하려고 했으니 꼬였던 것 같았다. 실패했다고 자책할 필요도, 서글퍼할 필요도 없었다. 목표를 수정해도 아무런 문제가 없었는데 그걸 간과하고 있었다. 일단 부딪혀 봐야 하는 거였다.

그날부터 나는 다시 마음을 다잡기로 했다. 잔루 만루의 아쉬움을 뒤로하고 새로운 이닝을 다시 시작하는 야구 선수처럼. 꼬일 대로 꼬여서 풀어내지 못할 것만 같았던 인생의 쓴 매듭을 잘라내기 전에 다시 한 번 마음을 가다듬고 그 매듭을 뒤에서부터 차근차근 풀어보기로 했다.

일단 취업부터 다시 생각하기로 했다. 꼭 대기업에 가지 않아도 되는 거 아니겠나 싶었다. 어디서부터 시작할지 몰라 손도 대지 못하고 있었던 나에게 야구는 작은 틈을 내어주었다.

어느 팀 팬이신데요?

취업의 긴 터널 끝에서 나는 마침내 어느 방송국의 개발팀 신입사원으로 입사할 수 있었다. TV에서 보는 신입사원들은 혼은 좀 나더라도 사랑받고 이쁨받는 줄 알았는데 실상은 달랐다. 자기 할 일 하느라 바빠서 그런지 귀찮아서 그런지 누구도 나에게 관심이 없고 점심도 자기들끼리 먹기 일쑤였다. 이해는 하지만 그때는 참 서글펐다. 아니지, 불편했다고 하는 게 맞나? 상상했던 일상과는 많이 다른 일들의 연속이었다. 이제는 커피 심부름을 시키면 큰일 나는 세상이라고 미디어에서는 떠들어댔는데 "커피 타와." 대신

"커피 한 잔 부탁해." 정도로 언어가 순화된 커피 심부름이 존재했다. 부모님 커피도 타 본 적 없었지만 그래도 나한테 뭔가 부탁했으니 업무라 생각하고 정성스럽게 탔다.

종이컵에 커피 한 스푼, 프림 한 스푼, 설탕 한 스푼. 그리고 뜨거운 물 80%쯤 채우고 열심히 저었다. 뜨거운 컵을 엄지랑 검지로 집어서 조심스럽게 들고 간 다음 손바닥으로 조심스럽게 받쳐서 드렸다.

커피를 부탁하신 분이 한입 마셔보시더니 "커피 처음 타봤어?"라고 말씀하셨다. "응. 나한테 커피 심부름을 시킨 인간은 네가 처음이야!"라고 똑같이 반말로 대답하고 싶었지만 "네, 맛이 없나요? 처음이라서요."라고 답했다. 너무 싱겁다는 답변만 돌아왔다. 물은 더 적게 넣고 커피 두 스푼, 프림 두 스푼, 설탕 두 스푼을 넣었어야 했다는 건 최근에 알았다. 그 뒤로 아무도 나에게 커피 심부름을 시키지 않았고, "쟤 처음 들어왔을 때 커피 타온 거 마시고 진짜 웃겼잖아. 너무 맛없어서."라는 말만 남았다.

퇴근을 앞둔 금요일 저녁에 검색엔진을 하나 만들어 보라며 책을 한 권 받은 적도 있다. 월요일에 검사받아야 하는 과제였다. 나는 프로그래밍 전공과목을 열심히 공부해서 D- 받은 인재인데 주말 동안 검색엔진을 만들 수 있을 리가 만무했다. 또다시 "쟤 처음 들어 왔을 때 주말 동안 검색엔진을 만들라고 시켰는데 아무것도 안 해 놨더라."라는 말만 남았다. 마음 같아서는 "너는 만들 수 있니?"라고 물어보고 싶었다.

남자만 가득한 세상에서 혼자 여자 신입사원으로 회사를 다니면 이쁨받고 사랑받을 줄 알았는데 실상은 외로울 때가 더 많았다. 자기들끼리 담배 피우러 나갔다가 업무 분장하고 오는 일도 수두룩했고, 회의에서 못다 한 이야기를 담배 피우면서 결정하고는 했다. 나에게 커피를 부탁하는 사람은 많았지만 커피를 사 주는 사람은 없었다. 당시 마이크로소프트에서 나온 MSN이라는 메신저가 유행이었는데 내 MSN 대화명은 언젠가부터 "커피 사 주세요."가 되었다.

사실 나도 문제였다. 신입사원이라서 업무를 배우는 단계라 업무 이야기를 하면 반의 반도 알아듣지 못했고, 남자만 가득한 집단에서 그들과 교집합으로 나눌 수 있는 이야깃거리가 없었다. 당시 나는 주식에도 관심이 없었고 부동산을 사는 일은 아무나 할 수 있는 일이 아니라고 생각했다. 아마 그들도 예쁘고 말 잘 듣고 똑 부러지고 커피도 맛있게 잘 타는, 사랑스러운 신입사원을 기대했을 텐데 그러지 않아서 실망했을지도 모르겠다.

그러던 어느 날. 퇴근하고 친구들과 야구장에 가려고 야구 모자를 쓰고 두산 베어스 유니폼을 입고 출근한 날이었다. 사실 이것도 당시 내 입장에서는 큰 용기를 냈던 거였다. 회사에 야구복을 입고 가는 것 조차 큰 용기가 필요했던 시절이었으니까. 내 자리에 앉아서 컴퓨터를 켜고 업무를 시작하려는데 출근하던 분들이 지나가면서 "오늘 야구장 가? 두산 베어스 팬이었어?"라며 말을 걸었다. 그때 알았다. 남자만 가득한 세계에서 나도 그들에게 무슨 말을 해야 할지 몰랐지만, 그들도 나에게 무슨 말을 해야 할지 몰랐다는 것을.

"네, 저는 두산 베어스 팬이에요. 오늘 퇴근하고 잠실야구장에 가려고 합니다."
"야구를 보는지는 몰랐네."

"어느 팀 팬이신데요?"

"나…아…는…LG…트윈스야…"

"아…힘내세요."

"두산 베어스 팬이어서 좋겠어."

야구 이야기는 나도 할 수 있겠구나 싶었다. 그날 이후로 야구 이야기는 보이지 않는 벽을 꽤 많이 허물어 주었다. 취업이라는 긴 터널의 끝을 보여준 것도 야구였는데, 터널의 끝에서 마주한 벽에서 나를 구해준 것도 야구였다.

학창 시절에 만나게 되는 사람들은 대부분 어느 정도의 교집합이 있다. 집 앞에 있는 초등학교, 중학교에 가니 사는 지역도 비슷하고 보고 자란 것도 비슷하다. 대학교에 진학하면서부터 좀 달라지다가 사회생활을 하면서는 매우 다양해진다. 나는 회사에 입사하면 모두가 서울대, 연세대, 고려대 출신일 줄 알았다. 다들 학벌도 좋고 부자일 것이라고 생각했다. 하지만 현실은 달랐다. 사회에서 만난 사람들은 학벌도 가정 환경도 천차만별이었다. 이렇게나 다양한 사람들이 회사라는 곳에서 만나 업무 이야기 외에 무슨 이야기를 할 수 있을까 싶었는데. 야구 이야기. 야구 이야기를 하

145

면 되는 거였다.

소개팅에서도 "오늘은 뭔가 느낌이 좋은데?"라는 느낌을 받으려면 상대방과의 공감대가 필요하다. 정치 이야기를 할 수도 있고 경제 이야기를 할 수도 있지만 그건 너무 아슬아슬한 주제 아닌가. 예를 들어, "《열혈강호》보셨어요? 저 어렸을 때《열혈강호》보려고《챔프》구독했었잖아요."라는 이야기를 했을 때,《챔프》가 뭔지 알고《열혈강호》를 한 번이라도 본 적 있는 사람이 소개팅에 나왔다면 얼마나 반가울까. 생각해 보니 그들과 벽을 깨고 나눌 수 있는 이야기가 많았다. 나는 2002년 월드컵도 봤고, 어렸을 때 남자 친구들 사이에서 인기 있던 만화《더 파이팅》《카이지》도 읽었고, TV 드라마《마지막 승부》가 대한민국을 강타했던 시기에《슬램덩크》도 읽었던 세대가 아닌가.

"어제 LG 트윈스가 또 졌던데요?"
"두산 베어스 팬이라서 좋겠다, 좋겠어!"

이후로 회사 생활은 재미있어졌다. 다 야구 덕분이었다.

빙그레가 주황색이라 주황색을 좋아하지만, 한화 이글스 팬은 아닙니다

내 이상형은 미국 드라마 《빅뱅 이론》에 나오는 닥터 쉘든 쿠퍼 같은 사람이었다. 천재 같은 사람, 아니 천재. 사회성은 떨어지지만, 학벌은 좋은 사람. 학벌은 성실함의 대변이며, 천재성은 타고난 것이고, 사회성은 후천적으로 만들어진다고 믿었다. 이론적으로 따지고 보면 틀린 말은 없었다. 하지만 틀렸다. 내가 만나는 사람의 학벌이 좋은 건 내 트로피가 아니었고 어디 가서 자랑할 일도 아니었다. 천재성은 돈 주고도 살 수 없으며 후천적으로 만들어지지 않는 대단한 재능이지만 딱히 써먹을 곳이 있어 보이지는 않았다. 그래서 이상형을 수정했다. '잘생긴 사람, 성실한 사람, 동물을 사랑할 줄 아는 사람.' 아, 그리고 유쾌한 사람.

처음에 남편을 만났을 때, 그는 말이 별로 없었다. 그렇다고 내가 말이 많거나 말을 먼저 거는 사람도 아니어서, 연락하고 지내게 될 줄은 상상도 못 했다. 어쩌다 보니 전화번호를 교환하고 아는 누나, 동생 사이로 지내고 있었는데 그는 아침마다 오늘의 일기 예보를 알려주었다.

"오늘은 비가 온대요. 우산 챙기세요."
"오늘은 날씨가 좀 춥대요. 따뜻하게 입고 나가세요."

남편을 만나기 전까지 일기예보는 내 인생에 전혀 중요한 정보가 아니었다. 그래서 아침마다 날씨를 알려 주는 그가 당황스러웠다. 그때까지 나는 비가 와도 장마 때가 아니면 우산을 잘 쓰지 않고 다녔고, 비가 많이 쏟아진다 싶으면 그치기를 기다리거나 그냥 맞자는 주의였다. 그런 나에게 그는 늘 인사도 아닌 인사를 했다.

그러다 2010년 남아프리카공화국 월드컵 그리스전을 같이 보게 되었다. 친구들 몇 명 모아서 TV가 있는 호프집에서 봤는데 그날 대한민국은 그리스를 이겼고 우리는 아침에 날씨를 알려주는 사이에서 조금 더 친한 사이가 되었다. 세상에, 나는 축구는 좋아하지도 않는데, 이게 무슨 일이람.

나는 결혼 전까지, 아니 아이를 낳기 전까지 술을 꽤 잘 마셨다. 맥주는 알코올 가성비 떨어진다고 마시지도 않았고, 늘 소주를 마셨다. 안주 하나에 소주 2병, 어떤 날은 3병. 그렇게 마시면 술값도 별로 안 나오고 적당히 취했다. 술에 취해도 "술을 취하려고 마시지, 멀쩡할 거면 왜 마셔?"라는 생각이었다. 숙취도 없어서 술을 많이 마신 다음 날에는 해장술로 해장하고 또 술 약속을 잡고는 했다.

남편은 술을 좋아하는 사람이 아니었다. 그걸 몰랐다. 술자리에서 처음 만나서 술을 좋아하지 않을 거라고는 상상하지도 못했다. 내 남자 사람 친구들이 그에게 술을 먹여보고 괜찮은 사람인지 봐준다고 한 날, 친구들은 소맥을 말아준다고 해놓고 소주를 계속 탔다. 그는 맥주에 소주를 탄 게 아니라 소주에 맥주 맛을 입힌 소맥을 쭉쭉 받아마시더니 조용히 잠들었다. 그렇게 그는 친구들한테 합격을 받았다. 따라주는 술을 거절하지 않고 알아서 잘 마시는 걸 보니 합격이라나 뭐라나.

　남편은 내가 술 마시는 걸 가지고 뭐라고 하지는 않았다, 처음에는. 예전에 내 아이디가 '수란지'였던 적이 있는데, '술'과 '안지(내 이름)'의 합성어로 남편이 만들어 준 별명이었다. 연애 초반에는 술도 같이 마셔주고 귀여운 별명도 붙여줬었다. 그런데 언제부턴가 내가 술 마시는 걸 너무 싫어했다. 이것 때문에 진짜 많이 싸웠다. 그러다 보니 남편에게 술 마시러 가자는 말을 하기가 눈치보였다.

　　"현민(남편 이름)아, 너는 어느 팀 팬이야?"
　　"나는 응원하는 팀 없어."
　　"한화 이글스 팬인거 아니었어?"
　　"아니야."

　남편은 끝까지 한화 이글스 팬이 아니라고 했는데 그 진위 여부는 아직도 모른다. 남편이 어렸을 때 아버님이 빙그레를 좋아하셨다는 말은 했다. 남편이 제일 좋아하는 색이 주황색이고, 그 이유가 빙그레가 주황색이어서였다. 그렇다면 남편이 한화 이글스 팬이라는 뜻이 아닐까? 만약에 남편이 한화 이글스 팬이라면, 기다림에 익숙하며, 긴 기다림의 결과가 좋지 않아도 유쾌함으로 승화할 줄 알 것이다. 또 작은 것에 감사하는 맛을 알겠고, 충성심이 높다는 말이 아닐까. 그리고 그게 그의 성실함과도 연결되지 않을까. 남자 친구로도, 남편으로도 적절한 성격이구나 싶었다. 남편이 응원하는 팀이 없으니, 내가 응원하는 두산 베어스 시합을 같이 보자고 했다. 그리고 야구를 핑계로 마음 편하게 술을 마시면 되겠다 싶었다. 그래서 진짜로 술 마시자는 말 대신 오늘 야구를 보자고 하고 야구장에서 술을 마셨다. 몇 번 반복되고 나서는 내가 술 마시고 싶어서 야구 보자고 하는 줄 눈치챘을 거다. 그렇게 싸우고도 술 마시려고 발악을 하는 내가 어이없고 애처로워서 모르는 척 같이 가줬지 않았을까. 확인해 본 적은 없지만. 기다림을 미학으로 소비할 줄 아는 한화 이글스 팬처럼, '저러다가도 언젠가는 술 가지고 싸울 일은 없어지겠지.'라고 믿어줬을지도.

조금만 극적으로 이겨도 호들갑 떠는 나와 달리 이겨도 조용히 좋아하고, 하나에 너무 빠지지도 않고 완전히 놓지도 않으며, 비현실적인 목표를 세워서 늘 주변을 당황스럽게 만드는 나와 달리 지극히 현실적인 목표 세우는 한화 이글스 팬…과 비슷한 한화 이글스 팬은 아닌 남편.

간절히 원하면, 언젠가는 때가 온다. 기다리는 시간이 유쾌했으니 이보다 더 좋을 수는 없지 아니한가. 긴 기다림 끝에 나는 정말로 소주를 끊었고, 2025년 한화 이글스는 19년 만에 한국 시리즈에 진출했다.

이토록 완벽한 태교

"여보, 우리 이비, 딸이래!"

나는 난임 클리닉을 다니다 시험관 끝에 임신에 성공했다. 안
정기로 접어든 5개월이 지나서야 아이의 성별을 알 수 있었다. 딸
이라고 했다.

딸을 낳으면 하고 싶은 게 많았다. 딸과 함께 커플룩을 맞춰 입
고, 내가 어렸을 적 입었던 초록색 베네통 니트도 입히고, 결혼할
때 사두고 옷장 속에 모셔두고 있는 샤넬 가방도 물려주고, 리본

핀도 사 주고 드레스도 입혀야지! 우리 이비가 디즈니 공주 옷을 입고 유치원에 가겠다고 해도 부끄러워하지 말고 말리지 말아야겠다고 다짐했다.

딸이라는 소식을 듣고 왜 그랬는지 모르겠지만 이름부터 지었다. 중성적인 이름이었으면, 이름의 마지막 음절에는 받침이 있었으면 좋겠다고 생각했다. 그렇게 고른 이름은 '김서현'이었다. 김서현. 남자 이름도 되고 여자 이름도 되는 완벽한 이름이었다.

다니던 난임 병원을 졸업하고 분만할 병원으로 옮겨서 처음으로 배 위로 초음파를 하던 날이었다.

"아, 맞다. 산모님, 아기 성별은 아시죠?"

"네, 딸이래요, 딸!"

의사 선생님의 표정이 갑자기 심각해지시더니 초음파를 다시 하셨다.

"혹시 제가 지난번에 딸이라고 했었나요?"

"네, 이름도 벌써 다 지어졌어요!"

"아…이상한데? 아닌데? 정말 딸이라고 했었나요?"

"네⋯. 왜요? 무슨 문제가 있나요?"

"아, 산모님. 죄송해요. 착오가 있었나 봐요. 아기한테 문제가 있는
건 절대 아니고요. 그때 잘 보이지 않았는지 제가 착각했었나 봐
요. 아들이에요."

"네? 아들이요?"

'아들이라, 아들이라⋯. 아들은 힘들다던데⋯. 아들은 어렵던
데⋯.' 하는 생각도 잠시. 서현이라는 이름은 쓰지 못하겠지만, 드레
스를 입히고 리본 핀을 해 줄 수는 없겠지만, 내가 할 수 있는 것이
있었다. 나는 당시 매일 쓰던 태교 일기의 기도를 바꾸기로 했다.

당시 나는 시간적으로도, 심적으로도 여유로운 상태였다. 시간
이 많았던 나는 무얼하며 시간을 보낼까 고민하다 태교 일기를 썼
다. 회사 부장님이 "내가 임신했을 때 매일 태교 일기 쓰면서 어떤
아이로 태어났으면 좋겠다고 썼었는데 참 좋았어요. 태교 일기 쓰
는 거 추천해요. 말로는 뭐가 좋았는지 설명하기 어렵지만 한 번 써
봐요."라고 조언해 주신 덕분이었다.

"이비야, 너는 태어나면 엄마처럼 키가 작지 않았으면 좋겠어. 165
㎝까지는 컸으면 좋겠어."
"피부는 타고나는 거더라. 뱃속에서부터 깨끗한 피부를 가지고 태
어나렴."
"커플룩 맞춰 입고 쇼핑할 생각하니 벌써 설렌다."

딸이라고 생각하고 썼던 태교 일기는 그날부터 내용이 바뀌었다.

"키는 187㎝ 정도까지 컸으면 좋겠어."
"엄마, 아빠가 머리숱이 많으니까, 그것도 잘 챙겨서 태어나렴."
"운동신경은 타고나는 거라는데 타고 나와주면 좋을 것 같아."
"이비야, 엄마랑 야구장 가자."

그렇게 나는 우리 아들이 딸이었다가 아들로 바뀐 순간부터
아들에게 야구 이야기를 하기 시작했고, 뱃속에 있을 때부터 야구
로 태교를 했다.

만삭의 몸으로 잠실야구장을 몇 번이나 갔는지 모른다. 네이
비석의 가파른 계단을 올라갈 때 혹시라도 발을 헛디딜까 긴장하
면서 올라갔던 기억이 새록새록 난다. 호르몬이 날뛰는 시기, 배

는 불러오고 허리는 아프고, 힘들게 한 임신임에도 불구하고 생각보다 무심한 남편에게는 섭섭하고, 하지만 이미 아들이랑 함께하는 시간이 시작된 그 시기에 야구장에 가는 게 그렇게 좋았다. 누가 이기는지 지는지는 중요하지 않았다. 야구장의 초록색 운동장을 마주하게 되면 마음이 확 트였고 나를 어지럽게했던 감정이 다 사라지는 것 같았다. 사람들의 신나는 응원 소리는 물론이고 야유 소리마저 긍정적인 에너지가 되어주었고 일면식도 없는 사람들이랑 응원가를 부르면 신났다. 이토록 완벽한 태교가 또 있을까. 이 때부터 나와 아들 사이에 야구가 들어왔다.

원래 처음만 힘들지

　우리 아들은 언제 처음 야구장에 갔을까. 갑자기 생각해 내려니 기억이 나지 않는다. 이현이랑 같이 어린이날에 갔던 기억, 혜진이랑 수진이랑 같이 어린이날 연휴 때 갔던 기억, 어린이집에 다닐 때 같이 두산 베어스 유니폼을 맞춰 입고 지하철을 타고 갔던 기억, 아들이랑 처음으로 LA에 놀러 갔을 때 LA 에인절스 구장에서 오타니 쇼헤이 선수를 봤던 기억, 테이블석에 앉아서 보다가 김하성 선수의 파울볼을 맞아 TV에 나왔던 기억이 있긴 한데 언제가 처음인지 도무지 기억나지 않는다.

일기장을 다 뒤진 뒤에야 기억이 났다. (이럴 때 기록의 기쁨이 두 배가 된다.) 2017년 6월 6일, 아들이 10개월일 때 처음으로 야구장에 갔다. 현충일 빨간 날이라 남편도 함께.

36개월 미만이면 야구장 관람이 무료다. 물론, 자리를 하나 차지한다면 돈을 내야 하지만 무릎 위에 앉혀서 본다면 무료로 들어갈 수 있다. 아기랑 야구장을 가겠다고 했더니 주변 사람들이 다 말렸다. 남편도 굳이 애를 데리고 야구장에 가야 하는 거냐며 귀찮아했다. 야구 중계를 하는 시간은 평일 저녁 6시 30분 이후, 주말 오후 2시나 5시 이후다. 아기 엄마들이 집에서 편하게 앉아 야구를 볼 수 있는 시간은 전혀 아니다. TV에 야구를 틀어놓고 한창 집안일을 할 시간이다. 그럼에도 나는 아기 띠를 매고 야구장에 갔다. 내가 아들과 야구장에 가기 위해 쓴 돈은 대략 이정도다.

- ✓ 아들 두산 베어스 야구복 3호 구매 : 52,000원 (이 옷이 아직도 있다.)
- ✓ 도미노 피자 한 판 : 18,500원 (야구장에서는 피자 먹는 게 멋이니까.)
- ✓ 김밥 : 3,000원
- ✓ 맥주 : 4,000원
- ✓ 주차비 : 5,000원

15분 정도를 기다려 피자를 픽업해 야구장에 들어갔다. 주차하는 데도, 주차장에서 야구장까지 걸어오는 데도, 야구복을 사고 피자를 사는 데도 오래 걸렸다. 곁에서 투덜대던 남편은 막상 야구장에 와서 자리에 앉으니 좋아하는 눈치였다. 약간의 귀찮음을 이겨내면 인생은 신나는 일 범벅이다.

아기가 태어난 지 10개월이면 얼마나 힘들 때인가. 수면 부족이 삶의 질을 이렇게까지 떨어뜨릴 수 있는지 절절하게 느끼는 시기, 수면도 부족한데 수면의 질도 정말 놀랄 만큼 떨어지는 시기, 자다 말고 내가 밥통이 되거나 밥통을 대령해야 하는 시기, 아기의 칭얼거리는 소리에 거짓말처럼 0.0001초 만에 눈이 떠지는 시기, 똥을 많이 싸도 걱정인데 똥을 하루라도 싸지 않으면 더 걱정인 시기, 잘 때가 제일 예쁘다고 말하면서도 막상 자는 아기의 얼굴을 들여다보면 깨우고 싶어지는 나 자신을 이해하기 어려운 시기, 나만 이렇게 힘든 건지 다들 이렇게 힘들었는데 말을 안 한 건지 원망스러운 시기, 나는 피곤해 죽겠는데 혼자 우아해 보이는 남편이 얄미운 시기, SNS에 올릴 자랑거리도 없는 시기, 엄마가 해주는 조언도 다 듣기 싫고 "애도 봐주지 않으면서 잔소리하지 말라."라는 못된 말을 속으로 삼키는 시기, 맘카페에 올라온 신빙성도 없는 남의 이야기에 빠져드는 시기, 그리고 무엇보다 내가 희미해지는 시기가 아닌가.

분명히 피곤한 상태였는데 야구장의 초록색 운동장을 보면 마음이 풀린다. 지금까지 경험해 보지 못한 피곤함에 딱딱해진 승모근도 한결 부드러워지는 기분이다. 추억을 만들고 있다는 기쁨, 사람들의 만류와 귀찮음을 이겨내고 잠실야구장 레드석 끝자리에 앉아 해방감을 느꼈다. 무엇보다 육아라는 한배를 탄 남편이 좋아하는 걸 보니 나도 좋았다. 이런 감정을, 이런 경험을 함께 할 수 있는 우리가 좋았다.

"우리 셋, 오늘 처음으로 같이 야구장에 왔네. 참 좋다. 그렇지?"

내가 먼저 아기를 안고 있는 동안 남편이 피자 한 조각을 먹었다. 다 먹은 남편에게 아기를 넘기고 나서 나는 정말 오랜만에 야구장에서 맥주를 벌컥벌컥 마셨다. 맥주 한 모금에 온몸의 긴장감이 풀리고 마음이 누그러지는 기분이 들었다. 시원하고 행복했다. 아기를 안고 야구를 봐야 하니 TV로 보는 것보다 집중은 덜 되었지만 비교할 수 없을 만큼 재미있었다.

2017년 6월 6일 두산 베어스 홈경기는 삼성 라이온즈와의 경기였다. 그날 비가 계속 와서 경기가 중단될 뻔하다가 다행히 많이 오지는 않아서 계속 진행되었다. 우리 가족은 지붕 아래에서 보다가 7회에 7:4길래 오늘은 이겼다고 생각하고 자리를 떴다. 그날 두산 베어스와 삼성 라이온즈는 우리가 집에 오고 나서도 두 시간 정도 경기를 더 했고, 삼성 라이온즈는 최장 경기 시작 기록을 갱신했다. 결국 그날 경기는 10회 연장까지 갔고 10:12로 두산 베어스는 힘들게 졌다. 내가 응원하는 팀이 졌으니 나는 화가 났을까? 아니었다. 그날 일기를 보니 '10개월짜리 아기를 안고 비를 쫄딱 맞으면서 봤는데 10회 연장까지 가서 역전패당하는 걸 현장에서 봤으면 짜증 났을 거다. 우리는 이기는 부분만 보고 와서 좋았다.' 라고 쓰여있었다.

그날 내가 쓴 '10개월짜리 아기와 야구장 가기'라는 제목의 일기의 마지막 부분에는 이렇게 쓰여있었다.

1. 야구는 끝날 때까지 끝난 게 아니다.
2. 아기를 데리고 야구장에 갈만하다.
3. 다음에는 테이블석을 공략해 보자. 만약 예약에 실패하면 블루석 제일 뒷줄을 예매하자. 돗자리는 가져가자.

4. 야구장에 먹을 것만 사가면 돈이 별로 들지 않을 것 같다.

5. 야구장은 역시, 이러나저러나 신난다.

원래 처음이 제일 힘든 법이다. 처음으로 온가족이 야구장에 가는 걸 해낸 우리는 그날 밤 집에 와서 야구장에서 못 먹은 치킨을 시켜 먹으면서 당시 LA 다저스에 있던 류현진 선수의 시합을 봤다. 그리고 언젠가 같이 LA에 가서 류현진 선수의 선발 경기를 보자고 이야기했다. 돈이 많고 시간이 많으면 더욱더 즐거운 인생을 만끽할 수 있을 것이라는 이야기도 했다. 그러나 세월이 흐르고 보니 언제가 될지 알 수도 없는 '돈 많고 시간 많은 때'에 하자고 미루기보다 '지금 우리가 함께 하는 이 순간'을 최대한 즐기는 것이 가장 좋은 게 아닌가 싶다.

그리하여 015B가 부릅니다. '처음만 힘들지'.

대체로 느리고 잘 모르지만,
4살 중에 야구는 제일 많이 알아요

누구나 그렇겠지만 나 또한 회사 일이 힘들었다. 아이를 낳고 육아를 병행해야 하는 시기에는 회사에 변화가 많아서 정신이 없었다. 내가 근무하는 회사의 어린이집은 인기가 많아서 들어가는 게 하늘의 별 따기였지만, 따기 어려운 별이라고 도전을 안 할 수는 없었다. 다자녀 우선순위를 제외하고 외동인 아이들이 들어갈 수 있는 자리는 딱 세 자리였다. 회사 어린이집에 들어가는 건 거의 가능성이 없어 보였고, 그렇다고 다른 대안이 있는 것도 아니었다. 그래서 딱히 알아 보지 않았었는데 *9회말 2아웃 풀카운트 끝에 나온 극적인 끝내기 홈런처럼, 세 자리 중 남은 마지막 한 자리에 아들이 당첨되었다. 추첨을 마치고 자리로 돌아오면서 엉엉 울었더니 팀장님이 "왜? 안 된 거야? 괜찮아. 어린이집 천천히 알아봐."라고 말씀하셨고 눈물, 콧물 질질 흘리면서 "아니요…. 당첨이에요…. 마지막 남은 한 자리, 순간 경쟁률 20:1이었는데 제가 당첨되었어요…"라고 말씀드렸다. 남편은 "네가 간절히 원했으니 될 줄 알았다."라고 쿨하게 반응했다. 그때부터 아들과 나는 함께 출퇴근을 하게 되었다.

아들은 말도 못 하고 기저귀를 차던 3살부터 아침 7시 30분에 남편과 나와 같이 등원했다. 아들이 어린이집에 적응하는 기간에는 일하다 말고 몇 번이나 달려가 30분 동안 울고 있다는 아들을 달래야 했지만 그마저도 감사했다. 어린이집 선생님께서는 매일 키즈 노트를 써주셨고, 나는 하루도 빠지지 않고 모든 키즈 노트에 답변을 달았다. 나중에 책으로 만들어 보니 4권 정도 나왔다. 내가 아이와 함께 하지 못하는 순간을 텍스트로, 사진으로 볼 수 있다는 사실에 감사했다.

◆ 9회말 2아웃은 아웃이 2번 되었고, 1번만 더 아웃되면 이닝이 종료되는, 마지막 1번의 찬스다. 풀카운트란 볼카운트가 3볼 2스트라이크인 상태를 말한다.

야구장에 성공적으로 다녀온 뒤, 평일에도 야구장에 가는 일에 도전해 보고 싶어 바로 실천에 옮겼다. 아들을 데리고 지하철을 타는 일이 부담스러웠지만, 회사에서 야구장까지 역과 역 사이가 15분 정도니까 도전해 볼 만했다. 아들과 내가 야구 유니폼을 맞춰 입고 손잡고 지하철역까지 걸어가는 기분이 좋았다. 그렇게 어린 나이부터 아이를 어린이집에 맡기는 것에 대한 미안함을 어느 정도 달랬다.

사실, 아들을 데리고 야구장에 가는 일은 귀찮고 가성비가 떨어지는 일이다. TV로 야구 중계를 보는 것이 훨씬 쾌적하고 편하다. 아들과 처음으로 야구장에 갔던 날에는 3회가 지나니 아들이 지루한지 징징거렸고, 아들이 말을 시작할 무렵에는 점수도 아직 나지 않았고 시합이 끝나지도 않았는데 집에 가자고 조르기도 했다. 남편 없이 간 날에는 화장실 한 번 다녀 오기도 힘들었고 맥주를 마시고 싶어도 꾹 참아야 했다. 집에 오는 길에는 내가 오늘 어떤 경기를 봤는지 기억이 나지도 않았고, 우리 팀이 졌다, 이겼다 정도만 겨우 기억했다가 그마저도 다음날이면 기억이 나지 않았다. 귀찮고 기억도 나지 않는 일인데 왜 나는 이 어린애랑 그렇게도 야구장에 가고 싶었는지 모르겠다.

아들이 36개월이 되던 주였다. 무료 입장이 되는 마지막 날, 코로나가 한창이던 때에 테이블석에 앉아 두산 베어스와 키움 히어로즈의 시합을 보고 있었다. 두산 베어스 투수의 공을 몇 번이나 커트해 내던 김하성 선수의 파울 공이 테이블석으로 날라와서 아들의 가슴을 '퍽' 하고 때렸다. 야구공이 날라와서 사람을 때릴 때 '퍽' 하는 소리가 크게 난다는 걸 그때 알았다. TV 중계에 우리가 잡혔는지 나중에 보니 "지금 TV에 나오는 애, 야구 유니폼 입은 애, 네 아들 아니야?"라는 문자들이 와 있었다.

아들은 놀라서 울었고 잠실야구장 의료진들은 여기저기 만져 보더니 얼음 주머니를 줬고 아들과 나는 야구 시합을 마저 보고 집에 왔다. 그날 아들이 맞은 파울 공은 다른 어른이 가져가 버렸다. (나쁘다.) 양가 어른들은 어린애를 위험하게 야구장에 데려갔다고 나를 혼내셨고, 나는 그럼에도 계속 위험하게 야구장을 다녔다.

귀여워서 요즘에도 가끔 찾아보는 짧은 영상이 있다. 아들이 《노란 장화》라는 책을 들고, 책 제목을 쌀 떡볶이 같은 손가락으로 가리키며 "허경민, 김재환, 이건 페르난데스."라고 눈웃음치면서 한글을 읽는 척 말하는 영상이다. (그리고 보니 허경민, 김재환, 페르난데스, 그사이에 다 떠났다.) 말을 배우기 시작한 아들이 아는 단어는 야구 관련 단어들이 대부분이었다. 시간이 얼마 지나지 않은 것 같은데 벌써 6년이나 지났다. 위험한 야구장에서 참 많은 걸 배웠다.

아들은 뭐든지 참 느렸다. 걷는 것도 느렸고 말을 시작한 타이밍도 늦었고 기저귀는 5살까지 찼다. 어린이집 친구들이 모두 기저귀를 차지 않을 때까지 기저귀를 찼다. 한글을 따로 가르치지 않았더니 7살이 넘어서야 그림으로 겨우 띄엄띄엄 읽기 시작했다.

그런 아이가 빨랐던 게 하나 있다. 바로 야구였다. 어린이집 선생님이 써주신 키즈 노트를 보고 혼자 웃었던 적이 있었다. 그날 아들은 선생님께 이런 말을 했다고 한다.

"선생님, 저는 원래 두산 베어스를 좋아했는데 키움 히어로즈의 김
    하성 선수의 파울볼을 맞았어요. 그래서 이제부터는 키움 히어로

즈를 좋아할 거예요. 그리고 류지혁 선수가 두산 베어스였는데 기아 타이거즈로 간 거 알아요? 팀끼리 선수를 바꿀 수 있대요. 그리고 선생님, 나 이제 번트도 칠 줄 알아요. 번트가 뭔지 알아요?"

어느 날에는 하원할 때 "어머님, 제가 야구를 잘 몰라서 아이가 야구 설명을 해 주는 내용에 대답해 주지 못했어요."라고 멋쩍어하신 적도 있었다. 야구를 잘 모르는 나와 어린이집 선생님이 아들 덕분에 야구 이야기를 하면서 하원을 하다니. 야구, 너는 정말 대단해. 아들은 대체로 느렸고 다른 건 잘 몰랐지만, 그래도 야구는 4살 또래 중에 제일 많이 알지 않았을까.

아들이 어린이집을 졸업하고 유치원에 가야 하는 시기가 되면서 우리 가족은 이사를 했다. 외동인 아들의 어린이집 대기순서는 500번 대였다. 결국 남편과 나는 빈자리가 있는 유치원에 아들을 등록하기로 했다. 일찍 끝나는 유치원 하원 시간과 퇴근 시간 차이가 커서 걱정하던 어느 날, 새로 다니게 될 유치원의 위치를 확인하러 가는 길에 야구 학원을 봤다. 운명 같았다. 7살도 다닐 수 있는지 여쭤보고 체험 수업을 해 본 뒤 다니기 시작했다.

수업을 받기 시작한 지 몇 달이 지났고 당시 아들 코치님이 유치원 수업이 끝나는 시간에 아들을 데리러 가셨다가 레슨을 하시고 집에 데려다주기 시작했다. 그러고 나면 나도 퇴근 시간이 되었다. 모든 것이 톱니바퀴처럼 완벽해진 느낌이었다. 야구가 고마웠다. 어느 날 갑자기 일찍 퇴근하게 되어서 유치원 하원 시간에 유치원에 몰래 가봤더니 수많은 하원 이모님들 사이에서 아들 코치님이 제일 빛나셨다. 맞지, 야구 선수들은 참 멋있지. 한글도 제대로 모르는 아들한테 축을 중심으로 골반을 잘 돌려보라고 말씀하시는 모습을 보면서 웃기도 하고, "짝수일 때는 왼쪽으로 가고, 홀수일 때는 오른쪽으로 가면 돼."라는 말씀에 "코치님, 아직 짝수, 홀수가 뭔지 몰라서 그렇게 말씀하시면 못 알아 들을 거예요."라고 말씀 드린 적도 있었다. 그러면서 아들이 야구 선수가 되는 상상도 해 봤다. 상상만 해도 좋았다.

그렇게 아들은 계속 야구를 하게 되었다. 분명히 두린이로 태교했는데 LG 트윈스 팬이신 코치님 덕분에(때문에?) 엘린이가 되었다. 그리고 꿈이 야구 선수인 아이로 자라고 있다.

아들에게 사춘기의 사촌인 이춘기가 온 것 같을 때마다 어렸을 적 아들과 야구장에 갔던 추억을 꺼내 본다. "아… 진짜… 얘, 왜 이래?"하면서 몇 년 전 자신의 모습을 보고 부끄러워하는 모습을 보면서 눈을 마주하고 깔깔거릴 수 있는 우리가 좋다. 야구가 참 고맙다.

육아휴직자의 딜레마

　나는 대학교를 졸업한 뒤부터 20년간 전산 용역으로 살았다. 처음 입사했던 회사에서 2년 만에 이직한 뒤부터 지금까지 쭉 같은 회사에 다니고 있으니 회사 생활이 내 인생에 꽤 큰 영역을 차지하고 있을 수밖에. 아침에 출근하는 일이 힘든 날도 많았고 싫은 날도 많았는데, 20년 가까이 해오다 보니 이제는 나의 루틴이 되었다. 출근하지 않는 내가 그려지지 않았다. 이제와 고백하지만, 아이를 낳고 나서는 나도 모르게 회사에 다니면서 아이를 키우는 워킹맘이라는 타이틀을 즐기고 있었던 것 같다. "어머? 도현이 엄마 일하세요?"라는 말을 들으면 나의 이미지 반전을 주는 것 같아서 우쭐한 마음도 있었다. (이 자리를 빌려 제 우쭐함이 아니꼬웠다면 죄송합니다. 이것 말고는 내세울 게 없어서 그랬어요.)

그래서 육아휴직을 마음먹기가 쉽지 않았다. 물론 출산을 하자마자 육아휴직을 꼭 낼 거라고 호언장담했지만, 막상 실천에 옮기려니 쉽지 않았다. 이건 마치 점심으로 모듬 초밥을 시켜놓고 맛있는 걸 아껴먹느라 계란 초밥이랑 유부 초밥부터 먹는 바람에 배가 불러서 참치회 초밥을 음미하지 못하고 있는 게 아닐까, 공시생이라는 타이틀을 포기하지 못하는 것처럼 워킹맘이라는 타이틀을 포기하지 못하고 있는 게 아닐까 싶었다. 20년 동안 매달 받았던 월급이 끊기는 것도 무시할 수 없는 부분이었다.

그러던 와중에 회사에서 희망퇴직자를 받았다. 20여 년을 같이 일했던 많은 동료들과 친한 개발자, 기획자가 그만두었다. 희망퇴직자의 조건이 좋지도 않았지만 나쁘지도 않아서 나도 해볼까 싶기도 했지만 자신이 없었다.
'이 회사에서도 내가 고인물인데 다른 회사에서 나를 받아줄까? 내가 일을 하지 않고 살 수 있을까? 나는 왜 애초에 의대에 가지 않고, 공대에 갔을까? 지금이라도 가야 하나? 아니, 그건 자신 없다. 내가 돈을 벌지 않는다는 생각만 해도 무서운데?'

주변에서는 그 정도면 오래 일한 거라고, 회사에서 제시하는 조건이 좋을 때 희망퇴직을 하는 것도 나쁘지 않다고 용기를 줬지만 정작 나는 자신이 없었다. 주변에 육아휴직을 내는 아빠들도 많은데, 심지어 우리 남편도 육아휴직을 냈었는데, 그렇게 아껴왔던 육아휴직을 한 번 내는 것이 어려웠다. "육아휴직을 하고 나면 네 자리가 그대로 남아 있을까?"라는 말도 꽤 많이 들었다.

그러던 어느 날. 아들이 물었다.

"엄마, 요즘 정수빈 선수는 폼이 왜 그래?"

"왜? 폼이 어떤데?"

"작년보다 자세가 좀 낮아졌어. 너무 낮아 보여. 그리고 타격 폼이
  계속 바뀌어."

"정수빈 선수는 타격이 잘되지 않으면 자세를 바꿔보고, 바꾼 자세
  로 타격이 잘되면 그 자세로 치는 거야. 타자는 타율이 높으면 좋
  잖아. 잘 치려고 자세를 바꾸겠지. 바꾼 자세로 쳤을 때 결과가 좋
  으면 그렇게 계속 치겠지."

그래, 정수빈 선수도 타격을 더 잘하려고 계속 연습하고, 자세도 바꿔보고, 바꾼 자세로 쳐보다가 잘되지 않으면 또 바꿔보면서 매 시즌을 준비하는데. 나도 육아휴직 해보지 뭐. 육아휴직을 해서 내 자리가 없어진다면 그것도 나의 운명이겠지. 그저 인생에 닥친 순간순간에 최선을 다해보는 수밖에.

그렇게 나의 육아휴직이 시작되었다. '워킹맘'이라는 말에서 '워킹'을 빼면 아주 여유로워질 줄 알았다. 백화점에서 쇼핑도 하고 브런치도 먹으러 다닐 줄 알았다. 그동안 바빠서 만나지 못했던 친구들도 만나고 문화생활도 많이 할 줄 알았다.

그런데 이게 웬걸? 회사 다닐 때도 한 번 걸린 적 없던 대상포진에 걸릴 만큼 피곤했다. 하루에 밥을 두 번 하는 날이 일주일에 3번 이상, 빨래는 매일, 식기세척기는 하루에 두 번 돌린 날도 있다. 아침에 아들 등교하고 청소하고 주식 좀 들여다보고 운동 다녀오면 아들이 하교할 시간이다. 아들을 학원에 데려다주고 오면 하루에 15,000보는 기본이고, 어떤 날은 20,000보도 걸었다. 10kg쯤 되는 야구 가방을 이고 지고 야외 훈련도 따라다니고 시합도 따라

다녔다. 육아휴직을 하는 동안 자기 계발 따위는 쳐다보지도 않을 거라고 결심했었는데, 내가 쳐다보지 않는 게 아니라 그럴 시간이 없었다. 충격적이었다. 회사 생활이 그리워질 정도였다.

물론 육아휴직 생활에 좋은 것도 많았다. 우선 아들의 한 해를 내가 다 직관했다는 사실이 좋았다. 아들이 학교 친구들과 하교하면서 어떤 이야기를 나누는지 들을 수 있어 좋았고, 아들의 학교 친구들과 직접 만나 이야기할 시간이 생겨 좋았다. 아들이 야구하는 친구들과 어울리는 걸 볼 수 있어 좋았고, 야구단의 모든 아이가 눈부시게 성장하는 모습을, 그 모든 과정을 1배속으로 직관할 수 있어 좋았다. 행복했다.

또 야구단 부모님과의 만남도 좋았다. 하루에도 몇 번씩 마주치며 아이들의 야구에 관해 이야기할 수 있어 좋았다. 내가 육아휴직 만료일을 앞두고 잠시 아들과 집을 떠나 있자, 같은 야구단의 준원이 어머님께서 연락을 주셨다.

"잘 지내시죠? 도현이 어머님, 빨리 돌아오세요. 나누지 못한 야구 수다가 쌓여갑니다."
"네, 잘 지내고 있어요. 곧 돌아가야죠. 제가 와이파이도 없고, 가

게도 없는 조용한 동네에서도 잘 지내는 편이에요. 지금 제일 큰
걱정은 육아휴직이 끝나고 과연 복직할 수 있을지에요."

"저랑 장사하실래요?"

"제가 준원이 어머님 좋아하는데요, 장사하다가 우리 사이가 멀어
지면 어떡해요?"

"싫어하는 사람과 하는 것보다는 낫잖아요."

"그렇다면 제가 준원이 어머님께 제 어필을 좀 해볼게요. 제가 좀
세 보여도 성격도 좋은 편이고 상식도 있는 편이더라고요. 참고
하세요."

"이미 다 알고 있어요. 추가 정보는 없나요?"

"운전도 잘하고 부지런한 편입니다. 도시락도 잘 싸고요. 모험심도
있고 예의도 꽤 바른 편입니다."

며칠 전에도 처음 만난 분께서 육아휴직이 끝나면 내 자리도
같이 없어지지 않겠느냐는 소리를 들었다. 순간 마음에 생채기가
나면서 요즘 같은 세상에 그런 말씀 하시면 안 된다고 하고 나왔
다. 그렇게 말하고 나서 상상해 봤다. 만약에 내가 앞으로 영영 회
사에 다니지 않는다면? 내가 해고당하는 상황이 생긴다면?

그렇게 된다면 우선 운동은 돈을 들이지 않고 할 수 있는 운동

으로 바꿔야겠지. 스타벅스에서 파트 타임 아르바이트라도 해야 겠지. 준원이 어머님과 장사해도 좋겠다. 카페에서 사 먹는 커피를 조금 줄이고 쇼핑은 적당하게 해야겠지. 덜 벌고 덜 쓰면서 조금 느리게 불편하게 심심하게 살면 되겠지. 그렇게 하면서 내가 무엇을 잘하는지 찾아보면 되지 않을까.

이렇게 생각하니 용기가 생겼다. 내가 오늘 오후에 주문하면 오늘 밤이나 내일 새벽에 배송되는 애플리케이션을 쓰지 않는 이유도 나름의 연습이다. 느리고 불편하게 사는 연습.

육아휴직이 끝난 뒤 내 자리가 없어진다면, 그 이유는 육아휴직을 썼기 때문이라기보다는 AI가 등장해서일 확률이 높다. 인간을 대체할 수 있는 기술력, 정확하고 편리한 자동화 시스템, 가성비 좋은 효율성, 내 마음을 나보다 더 잘 아는 것 같은 이해도까지 갖춘 AI. 이미 내 업무도 IT 기술력으로 대부분 대체되었으니까.

계획을 세우고 계획대로 사는 편은 아니지만 그래도 주어진 상황에 맞춰서 최선을 다할 수 있다. 육아휴직 이후에 내가 어떻게 될지 두렵지 않다고 하면 거짓말이지만, 한편으로는 어떤 상황이 오던지 부딪혀 보려고 한다. 일단 해보고, 잘되지 않으면 자세도 좀 낮춰보고, 잘되면 그 자세로 이번 시즌에 한 번 힘내 보는 거지. 내 폼이 누군가에게는 우스워 보일 수도 있고 비난할 만한 일일 수도 있고 불안해 보일 수도 있겠지만, 결국에는 내가 잘하는 게 중요한 거니까. 육아휴직 이후의 내 밥그릇을 미리 당겨 걱정하지 말기로. 얼마 남지 않은 이 시간을 만끽하며, 예상하지 못한 상황에 유연하게 대처하는 방법을 연습해 두기로.

4부

—

우리가 알아야 할
모든 것은
야구에서 배웠다

사실 벤치에 앉아서 배우는 게 더 많다

아들이 초등학교 1학년일 때였다. 아들이 시합에 나가기 시작했을 때, 가끔은 외야 수비도 나가고 타석에 서는 날도 있었지만, 벤치에만 앉아있다가 오는 날도 있었다. 하루는 내가 따라가지 않고 남편이 혼자 갔던 날이 있었는데 아침부터 나가서 저녁까지 아들이 타석은커녕 외야에 한 번도 나가지 못하고 돌아왔다면서 야구를 그만두라고 화를 냈던 적이 있었다.

주말을 반납하고 저 멀리까지 왔다 갔다 했는데 아이가 벤치에만 앉아있었으니, 화가 날 만도 했다. 남편에게 물었다.

"그런데 도현이가 아직 잘하지 못하는데 시합에 무조건 내보내는 것도 좀 아니지 않아?"

"당신이 오늘 현장을 보지 않아서 그런 말을 할 수 있는 거야. 당신 은 집에 있었잖아"

남편에게 할 말이 없었다. 평일에 고되게 일하고 주말에는 쉬 고 싶은 마음을 누구보다 잘 알고 있으니까. 아들 표정을 살펴봤 다. 약간 주눅이 든 것 같았고 슬퍼 보이기도 했다.

"너도 야구 시합에 나가서 벤치에만 앉아있다가 오는 거 속상해?"

아들은 아빠의 눈치를 좀 보더니 입을 열었다.

"나는 솔직히 진짜 재미있었어. 형들 응원하고 시합 구경하는 게 나는 정말 좋아. 우리 야구단은 승리한 적이 별로 없는데 오늘은 승도 한 번 있었어"

남편은 아이의 말을 듣고 멋쩍어하면서 더는 아무 말을 하지 못했다.

아들이 속한 야구단은 저학년 인원이 좀 많은 편이다. 그러다 보니 시합을 하면 벤치에만 앉아있다가 돌아오는 아이들이 생길 수밖에 없다. 그동안 아이가 벤치에만 앉아있는다고 중간에 아이를 데리고 가버리신 부모님도 봤고, 시합 후에 다른 아이들은 나갔는데 자기 아이는 못 나갔다는 이야기를 하시는 분들도 봤다. 부모의 마음, 다 이해한다. 정말이다. 그런 상황에서 어떻게 해야 하는지 사실 답은 정해져 있다. 그 상황을 마주하기 싫으면 아이가 야구를 그만두면 된다. 혹은 그런 상황이 발생하지 않도록 아이가 더 많이 연습하면 된다.

2025년 시즌 마지막 시합이 있었다. 4학년 형들 시합이었는데 3학년도 참석할 수 있다고 해서 당연히 신청했다. 더그아웃에 앉아만 있어도 배우는 것이 분명히 있다고 믿으니까. 코치님은 4학년 시합이지만 3학년이 와서 같이 응원해 줘야 한다고 말씀하셨다. 그리고 한마디를 더 붙이셨다.

"혹시 알아? 너희들의 응원 덕분에 형들이 아주 큰 점수 차로 이기면 너희에게도 기회가 올 수 있어."

코치님의 말씀대로 형들이 시합에서 큰 점수를 내준 덕분에 3학년 동생들도 타석에 나가고 투수도 하고 포수도 볼 수 있는 기회가 생겼다. 벤치에만 앉아있는 것이 싫어서 나오지 않았다면 잡을 수 없었던 기회였다.

결국 기어이 우승을 한 형들의 우승 회식에 아들과 나도 참석하게 되었다. 우승이 확정된 건 오후 7시쯤이었고 회식 장소에 도착한 건 8시쯤이었다. 한 어머님이 '우승 축하' 레터링 케이크를 준비해 오신 게 보였다. '일요일에도 이런 레터링 케이크를 만드는 곳이 있구나.' 하면서 속으로 감탄하고 있는데, 들어보니 아이가 우승을 하고 싶어 해서 시합 전에 미리 주문해 두셨다고 했다.

"사실은 아들 학교 친구들이 야구하러 간다고 하면 '너희 팀은 매번 꼴등만 하는 팀'이라고 놀려서 아이가 이번에는 꼭 우승하고 싶어했어요. 그래서 우승을 하고 싶은 마음으로 미리 케이크를 주문해 두었어요."

이야기를 듣는 부모님들의 눈시울이 붉어졌다. 그렇지 않아도 눈물 많은 어머님들 덕분에 내 눈가가 촉촉해졌다가 말았다가를 반복했는데, 이번에 또 얼마나 우승을 원했을까 생각하니 눈가가 뜨거워지고 말았다. 며칠 뒤에 그 어머님의 아들을 야구단에서 만나서 직접 물어봤다.

"우리 야구단 우승한 거 학교 친구들한테 이야기했어?"
"네."
"애들이 뭐래?"
"아무 말도 못 하던데요? 우승 기념 메달도 학교 가서 보여줬어요!"
"오, 기분 좋았겠다. 그런데 말이야, 우리 야구단이 매번 꼴등하는 팀도 아닌데 학교 친구들은 왜 그런 이야기를 했대? 누가 시작한 거야?"

누가 그랬는지를 듣고 깜짝 놀랐다. 한때 우리 야구단을 다녔던 아이들이었다. 생각해 보니 우리 야구단을 모르는 아이들이 만년 꼴등이네 마네 그런 이야기를 할 리도 없었다. 그리고 기억났다. 시합 나와서 벤치에만 앉아있던 아이들. 그 상황이 제법 속상했었나 보다. 이해한다. 부럽고 질투가 날 법도 하다. 아이들이니까 표현이 조금 서툴렀겠지. 하지만 아이들도 부모들도 그런 상황에 너무 속상해하지는 않으셨으면 한다. 이런 말이 있다.

사실 벤치에 앉아서 배우는 게 더 많다.

나는 이 말에 매우 동의한다. 처음부터 주전이면 좋겠지만, 그렇지 않더라도 속상해하지 말자. 누구에게나 처음은 있고 대부분의 사람이 처음에는 대단하지 않다. 얼마나 좋은가? 앞으로 더 잘할 일만 남았다는 사실이. 벤치에 앉아있는 그 시간에도 아이들은 성장하고 있다고 믿어 의심치 않는다.

우리 다 잘한 것도 있고 못한 것도 있어

나는 어렸을 때부터 실패를 많이 했다. 바이올린도, 미술도 결국 포기했다. 수능도 남들보다 한 번 더 봤고, 재수 때 치른 수능에서는 몇 개밖에 틀리지 않아서 드디어 나도 성공한 삶을 살아보나 했는데 결국 평범한 회사원이 되었다. 20년째 이어지는 직장 생활에는 그다지 불만이 없었으나, 작년에 회사에서 희망퇴직자를 받는 걸 보고 많은 생각이 들었다. 슬퍼할 겨를도 없이 소중한 동료들과 이별해야 했고, 기분은 말할 수 없을 정도로 바닥을 쳤고, 위로를 받을 수도 해 줄 수도 없는 교착상태에 빠져버렸다.

2024년 11월, 아들의 야구 대회가 있었다. 1박 2일 일정이었다. 첫째 날 시합을 이기면 바로 시합이 하나 더 있고, 첫째 날 시합에서 지면 다음 날 시합이 있었다. 첫 번째 시합이 토요일 아침 8시 시합이었는데 2:0으로 이기고 있는 상황에 아들이 투수로 올라갔다. 벤치에만 앉아있던 시절에는 아이가 타석에 나가도 마음이 쪼그라들어서 못 봤는데 투수로 마운드에 올라가니 심장이 쿵쾅거리고 등줄기가 서늘해졌다. '혹시라도 점수를 내주면 어쩌지.' 하는 마음에. 마운드에 올라가는 기회도 소중하게 찾아온 귀한 것이니 제발 잘 막았으면 하는 바람에 두 손은 자연스럽게 모으고 있고 마음속으로는 하나님, 부처님, 성모 마리아, 조상님, 알라신까지 찾게 된다. '이게 뭐라고.'라고 생각할 수도 있겠으나 이게 뭐더라.

나의 간절한 기도가 무색하게 우리 팀이 이기고 있던 시합을 아들이 3점을 내주며 역전패 당해버렸다. 야구는 한 사람이 잘한다고 이기거나 지는 운동은 아니라고 하지만, 어쩐지 아들이 신나게 안타를 두들겨 맞고 점수를 내줘서 진 것 같아 속상했다. 친구들에게도 미안하고 다른 부모님들을 뵐 면목도 없었지만, 무엇보다 주눅 들어 있을 아들에게 어떤 말을 해줘야 할지 어려웠다.

살면서 결과보다 과정이 중요하다는 말을 많이 듣는다. 하지만 스포츠 세계에서는 과정도 중요하지만 결과는 더 중요하다. 그래서 이런 상황을 마주하면 어떤 말을 해줘야 하는지 몰라 어렵다. 기억도 아련한 내 서사를 이야기하면서 "엄마도 많이 실패했어."라고 해야 할까? "괜찮아."라고 하는 게 맞을까? "잘했어."라고 해야 하나? 그건 거짓말인걸. 잘한 건 아닌데. "너 못했어, 너 때문에 졌어."라고 말해야 할까?

시합 끝난 아이들이 더그아웃에서 나올 때, 일단 아들 표정부터 살폈다. 웃고 있었지만 슬퍼 보였고 민망하거나 긴장할 때 짓는, 나랑 남편만 아는, 그 입 모양을 하고 나왔다. 아들에게 "고생했어."라고 이야기해 주고 꽉 안아 주고 다시 표정을 살폈다. 아무렇지도 않은 눈치는 아니었지만, '나 때문에 졌고 그래서 너무 괴롭고 분해.'라는 표정도 아니었다.

시합 후, 다 같이 식사하러 이동하는 차 안에서 아들이 친구들과 방금 있었던 시합에 관한 복기를 했다.

"아까 왜 1루로 송구 안 하고 홈으로 송구했어?"
"아웃카운트도 잡고 점수도 잡으려고 그랬어. 2루로 보내는 것보

190

다 홈 송구가 더 짧으니까."

차 안에서 시합 보기를 하다가 아이들끼리 노래를 개사해서 부르기 시작했다.

"3점 내주고 역전패 당하게 만든 투수, 김도현!"

아이들이 신나게 노래를 부르는 모습을 보고 속으로 '괜찮으니 다행이다. 기특하다, 기특해.'라고 생각하며 안심했다.

둘째 날 일정이 시작되었다. 아침 7시 30분부터 집합해서 연속으로 세 경기를 했고 꾸역꾸역 세 경기를 모조리 다 이겼다. 그리고 결승전에서 첫날 아들이 3점을 내줬던 그 팀을 다시 만났다. 그리고 또 졌다. 아쉽지만 양쪽 팀의 아이들이 다 잘해서 아쉽지 않았던, 말 그대로 졌지만 정말 잘 싸운, '졌잘싸'였다.

결승전 후 저녁을 먹으러 이동하는 차에서 아이들끼리 '과연 오늘 MVP는 누가 탈까?'라는 주제에 대해서 심도 있게 이야기하기 시작했다. 이날은 누가 봐도 투수로 활약했던 주원이었다. 주원이는 "나는 오늘 타석에서는 별로였지만 투수를 할 때는 조금 잘한 것 같다."라고 말했다. 이날 방망이가 제일 좋았던 타자는 준원이었다. 준원이는 "내가 투수할 때 실점을 하기는 했지만 홈런을 쳤다."라고 말했다. 옆에 있던 아들은 "나는 오늘 3실점을 한 역전패의 주인공"이라고 말했다. 엄마인 내가 봐도 딱히 잘한 게 없었다. '맞는 말이지.'하고 생각하고 있는데, 아들의 말을 듣고 있던 주원이랑 준원이가 정색을 하며 말했다.

"너는 이번 경기 내내 포수를 했잖아. 나도 포수를 해봤지만, 포수를 계속 하기 진짜 힘들어. 네가 MVP가 될 수도 있어."

시상식이 시작되었다. 나는 주원이가 MVP가 될 거라고 어느 정도 확신을 하고 있어서 앞쪽에서 영상을 찍고 있었다.

"MVP는 김…"
'역시 내 생각이 맞았어. 주원이구나.'
"MVP는 김…도현!"
"어머? 진짜?"

아들의 이름이 호명되었다. 놀라서 커져 버린 내 목소리가 영상에 고스란히 담겼다. 누가 봐도 주원이가 받았어야 하는 것 같았는데. 아니면 준원이어야 하는데, 왜 아들이지? 의구심을 안고 집으로 돌아왔다.

며칠 후 야구 수업이 끝난 뒤 주원, 준원 어머님이랑 같이 커피를 마시면서 시합 이야기를 나눴다.

"이번 시합에 준원이도 잘했지만 주원이가 투수할 때 잘해서 저랑 도현이는 주원이가 MVP를 탈 거라고 당연히 생각했어요."

"주원이도 이번에 자기가 MVP일 수도 있겠다고 생각했었대요."

"그렇죠? 주원이가 이번에 정말 잘 던졌어요. 도현이가 실점하는 바람에 첫 시합에 역전패 당해서 다들 고생했는데 상까지 주셔서 제가 괜히 죄송하고 주원이한테 미안해요."

"그런데 어머님, 도현이가 왜 상 받았는지 아세요?"

"아니요."

"그날 시상식이 끝나고 감독님이 주원이한테 주원이가 이번에 정말 잘 던졌고 잘했다고 칭찬하셨어요. 그러시면서 그날 MVP를 도현이한테 줄 수밖에 없었다고 말씀하셨대요."

"왜요?"

"이번 시합 내내 도현이가 혼자 포수를 봤잖아요. 나중에 도현이가
다리를 바들바들 떠니까 뒤에 있던 심판님이 감독님한테 포수가
혼자서 고생한다고, 바꿔줄 포수 없냐고 이야기하셨고 감독님도
그걸 보시고 도현이에게 주신 거라고 하셨어요. 주원이도 감독님
말씀을 듣고 도현이가 정말 고생했다고 상 받은 거 축하해 줬어
요. 제가 봐도 힘들어 보였어요."

나도 모르는 이유였다. 아들이 포수 보는 걸 재미있어하고 좋
다고 해서 재미있고 좋은 줄만 알았다. 나한테 힘들다고 말한 적
이 없어서 상상도 못했다.

아들이 "나는 3점을 내줬고, 나 때문에 역전패를 당했어."라고
말했을 때 주원이랑 준원이가 "도현아, 우리 다 잘한 것도 있고 못
한 것도 있어."라고 이야기해 주는 모습을 보며 눈가가 뜨거워졌
다. 아들이 잘한 구석도 분명히 있는데 아들이 못하는 것만 보였
던 건 내가 실패하고 포기하던 순간들이 어렴풋하게 기억나서 그
랬던 게 아닐까.

시험에 떨어졌다고, 시합에서 졌다고 실패한 건 아니다. 내가 실패하거나 포기한 경험도 분명히 내 삶의 큰 자산이 되었을 텐데 평범한 삶을 살고 있는 나를 스스로 폄하하고 있다는 생각이 들었다. 실패는 쓸모없지 않다. 승리도 물론 중요하지만 승패 이후의 마음가짐도 중요하다. 잘한 날, 못한 날, 대단했던 날, 엉망이었던 날들 모두 똑같이 우리의 일상이고, 일상이 쌓이고 쌓여서 우리의 인생이 된다. 이겼든 졌든 묵묵하게 내가 해야 할 일, 내가 하고자 하는 일을 계속 해 나간다면 인생의 아주 중요한 순간에 보상받을 거라고 믿는다. 가슴 벅차게 좋은 날도, 지독하게 나쁜 날도 다 내 것이다. 못한 것도 있고, 잘한 것도 있는 거다.

노장과 롱런하는 현역, 그 사이 어딘가
(ft. 정수빈 선수)

야구 시즌이 끝나면 스토브리그가 시작된다. 스토브리그는 시
즌이 끝난 후 다음 시즌을 준비하는 기간이다. 스토브리그 동안에
는 보통 어떤 선수를 영입하고 트레이드할지, 어떤 변화를 준비하
여 다음 시즌 성적을 올릴 수 있는지 도모한다. 트레이드 기간이
되면 내가 좋아하는 선수, 내가 좋아서 유니폼까지 ◆마킹한 선수
가 다른 팀에 가지 않기를 바라기도 하고(다른 팀에 가게 되면 그 선

◆　스포츠 유니폼에 선수의 이름과 등번호를 새기는 일.

196

수의 유니폼을 또 사야 하고 마킹도 또 받아야 한다. 그리고 마킹 줄은 참 길다.) 우리 팀의 약한 포지션에 다른 팀의 잘하는 선수가 오기를 바라기도 한다. 실망하는 일도 있지만 기뻐할 일도 있는 시즌이 <u>스토브리그</u>다.

부모님들 사이에서는 "아이가 재능 있다는 말에 속지 마세요." 라는 이야기가 있다. 재능 있다는 말만 믿고 시작하기에는 운동선수의 길은 힘든 길이라는 뜻이기도 하고, 재능 있다는 말로 부모를 현혹하는 지도자들이 많다는 뜻이기도 하다.

하지만 나는 다른 부모님들과는 완전히 다른 입장이었다. "도현이가 앞으로 야구 선수가 될 재능은 없습니다. 지금처럼 취미로 즐겁게 하는 게 좋지 않을까요?"라는 말을 하실까 봐, 그 말을 듣기 싫어서, 그런 말을 듣고도 아이가 계속 야구를 하고 싶어하면 어쩌나 걱정이 되어서 면담을 계속 피해 왔었다. 그런데 아들 친구들 중에 *야구 엘리트로 넘어가는 친구들이 생기기 시작하면서 나

 ♦ 초등학교에 편성된 야구부. 초등학생이 전문적인 훈련을 받을 수 있으며, 차후에 중고등학교 엘리트 교육으로 이루어지는 경로가 생긴다.

도 이제는 피할 수 없구나 싶어 면담을 했다.

먼저 감독님을 만났다. 감독님과 5분 이상 이야기할 거리가 없을 것 같았는데, 어느새 1시간이 훌쩍 지나있었다.

"어머님, 도현이가 야구를 좋아하는 걸 잘 압니다. 도현이가 야구 하면서 행복해하는 걸 저도 코치님들도 다 느끼고 있어요. 그러나 야구 선수를 목표로 잡고 야구를 하는 건 조금 다른 이야기가 될 수도 있습니다. 엘리트를 한다고 하면, 일단 저희도 아이를 선수로 대합니다. 예전과 같은 상황에서도 더 혼나고, 다른 친구들보다 더 힘든 훈련을 하게 될 거예요. 팀을 위해서라면 저는 도현이가 선수반에 들어오는 걸 원합니다. 하지만 지금 제일 중요한 건 도현이의 마음이에요. 어머님께서 충분히 도현이와 상의하시고 도현이 스스로 결정할 수 있게 해주셨으면 합니다."

감독님 면담 후에는 야구 레슨을 해 주시는 코치님을 만났다. 코치님이 해 주신 이야기는 여운이 꽤 오래 남았다.

"어머님, 도현이가 올 한해 많이 성장한 게 보입니다. 성격도 많이 밝아졌어요. 야구 선수를 목표로 잡으면 언젠가는 도현이가 엘리트 코스를 밟긴 해야 합니다. 그런데 그 길이, 정말 쉬운 길이 아니에요. 야구가 좋아서 시작했는데 엘리트 코스를 밟다가 야구가 싫어질 수 있어요.

한 가지 확실한 건, 도현이가 이렇게 야구를 좋아하면 어떻게 해서든지 평생 야구랑 함께 가게 될 거라는 겁니다. 야구 선수가 될 수도 있고, 지도자가 될 수도 있고, 야구를 취미이자 특기로 여기고 살 수도 있습니다. 그래서 야구 선수를 목표로 한다면, 그 결정을 내리는 시점은 도현이가 스스로 정하는 게 맞아요. 아직 어리지만 분명히 자기가 원하는 시기가 있을 거예요."

아들 인생에 야구가 평생 함께할 거라는 말이 가슴에 남았다. 면담 이후로는 아들이 시합에 나가서 일희일비할 때마다 코치님의 말을 떠올렸다. 오늘 하루는 앞으로 있을 많은 날들 중에 하루일 뿐이라고 생각하면 마음이 편안해졌다.

'야구 선수를 일찍 포기하게 되더라도 어린 나이부터 집중적으로 훈련해서 야구 선수를 계속 꿈꿔도 될지 한 번 볼까?'라는 생각도 한다. 시간 가성비만 따지면 현명한 방법임에 틀림없는데, 아들과 앞으로 평생 함께할 수도 있는 야구를 한때 지독하게 달려

보고 일찍 포기하게 하는 건 부모인 우리도, 아들도 원하는 방법이 아니라는 걸 알게 되었다. 아들이 앞으로 주목받는 선수가 되면 더할 나위 없이 좋겠지만, 팀에 꼭 필요한 선수가 되어도 좋다. 두산 베어스의 정수빈 선수처럼.

두산 베어스 팬이 된 후, 스토브리그를 거칠 때마다 그 시즌에 주목받았던 선수들, FA에 나온 선수들의 이야기가 나오면 나는 제일 먼저 정수빈 선수의 예상 행보부터 확인한다. 내가 처음 야구장에 갔을 때도, 두산 베어스의 팬이 되었을 때도, 본격적으로 야구장을 다니기 시작했던 때도, 정수빈 선수는 두산 베어스에 있었다. 내가 취업하고 결혼하고 40대 중반의 엄마가 된 지금도 정수빈 선수는 두산 베어스에 있다. 늘 그 자리에. 이제는 아기곰이 아닌 노장의 선수로.

나는 대학 졸업 후 취업하고 나서 한 회사에서 20년째 전산 용역으로 일하고 있다. 나는 이따금 한 우물을 판 나 자신이 대견한 날도 있었는데, 요즘 사람들은 나 같은 사람을 보고 고인물이라

표현한다는 사실을 알았다. 육아휴직을 내는 걸 망설였던 이유 중 하나가 '안 그래도 나 같은 사람을 보고 고인물이라고 하는데 육아휴직까지 하면 잘리는 거 아닌가?'라는 걱정 때문이었다. 한 분야에서 오래 일하면 존경받는 줄 알았는데, 고인물이라는 평가를 받는다니.

주위를 둘러보면 내 친구들은 죄다 고인물이다. 대학 친구들도 신입사원으로 입사했던 회사를 아직도 그대로 다닌다. 22년 전에 만났던 모임 멤버들도, 같이 공부했던 동생들도 그때 취업한 그 회사를 아직도 다닌다. 그렇다면 우리는 다 고인물일까? 우리가 회사에 쓸모없는 고인물이었다면 요즘 같은 세상에 살아남지 못했을 거다. 나는 우리가 나이 좀 많은, 그래서 경험도 많은, 롱런하고 있는 현역이라고 생각한다.

정수빈 선수는 홈런 타자도 아니고 장타율이 좋은 공격형 선수도 아니다. 타선도 1번 아니면 2번과 같은 상위타선이나 하위타선에 서는, 중심타선에 서 있는 선수도 아니다. 그런데 볼넷을 골라낸다던가 번트를 낸다던가 단타를 쳐서 출루율이 높다. 출루를 일단 하고 나면, 도루로 한 베이스씩 나가서 중심타선이 타석에 올라올 때 흐름을 잘 이어갈 수 있도록 길을 터주는 역할을 한다. 야무진 주루플레이로 팀의 *리드오프 역할을 완벽하게 한다. 수비는 또 어떠한가. 수비에도 탁월하다. 분명히 전광판 앞쪽에 있었던 거 같은데 어느샌가 달려와서 슬라이딩을 하면서 중요한 순간에 아웃카운트를 잡아준다. 덕분에 유니폼은 무릎부터 가슴까지 늘 흙을 뒤집어쓰고 있다.

등장하자마자 눈에 띄게 잘해서 주목받는 선수도 대단하지만, 거의 20년이라는 시간 동안 늘 자기 몫을 하는 선수가 사실은 더 대단하다. 만약 아들이 야구 선수가 된다면, 대단한 주목을 받지는 않아도 시합에 빠지면 섭섭하고 아쉬운 선수가 되기를 바란다.

하루가 멀다하고 새로운 기술이 쏟아지는 시대, 하나에 10초 이상 집중하지 못하는 시대, 조금만 귀찮거나 불편하면 그만두고 고발하기 쉬운 시대, 자극적이지 않으면 관심을 끌기 힘든 시대, 돈을 따라 점점 더 쉽게 움직이는 시대, 한 가지 분야에 오래 일하면 고인물이라고 폄하하는 시대. 시대가 그러거나 말거나 매년 타격자세 중심은 점점 낮아지고, 걸어서 우아하게 깨끗한 유니폼으로 홈을 들어오는 날보다 흙먼지 뒤집어쓰고 슬라이딩해서 들어

♦ 야구에서, 경기나 이닝의 첫 번째 타자(선두 타자)를 이르는 말.

오는 날이 대부분인 정수빈 선수를 보면서 나는 아들을 생각한다. 아들도 기록보다는 역할로, 존재감으로 압도하는 선수가 되기를.

p. s. 아, 물론 당연히 야구를 잘해야지. 그건 기본이란다, 아들아.

덕분에 공정함을 배웁니다

내가 취업이라는 긴 터널 속에서 헤매고 있을 때였다. 나를 두산 베어스 팬으로 이끌어 주었던 친구는 축구 라이브 중계를 촬영하는 일을 한다. 그 친구에게 물었다.

"야구 경기장에서 자기 일을 하면서 욕을 제일 많이 먹는 사람은 누구야?"
"심판이지."
"진짜?"

"응, 축구는 그래도 좀 괜찮은데 야구는 더 할걸?"

"왜? 왜 욕먹는데?"

"그게… 심판을 하다 보면 놓치는 부분이 생길 수밖에 없거든? 일부러 그런 건 아닌데 날씨 때문에 놓치기도 하고 실수로 놓치기도 하는데, 그럴 때 욕 많이 먹지."

아이들 야구 시합을 할 때도 심판 보시는 분들은 욕을 많이 먹는다. "아이들 시합인데 저렇게까지…"라는 말이 나오기도 하고, "아이들 시합인데 제대로 해야 하는 거 아냐?"라는 말이 나오기도 한다. 프로 야구처럼 제대로 된 중계 카메라가 있는 것도 아니고, 찰나의 순간을 생눈으로 정확하게 봐야 하는 열악한 환경임은 분명하니까. 아이들 시합에도 심판의 오심 때문에 승패가 갈리는 경우가 생길 수 있다.

요즘에는 부모님 중에 라이브 중계를 하시는 분들도 계시고, 영상 촬영하는 부모님도 많이 계시기 때문에 사실 따지려면 얼마든지 따질 수 있다. 그럼에도 심판에게 따져서 승패가 뒤집히는 일은 거의 없다. 처음에는 그게 좀 불만이었다. 질 때는 지더라도 할 말 없게 져야 하는데 물음표가 남는 심판 판정을 받았을 때 아이의 마음을 어떻게 달래줘야 할지 퍽 난감하다.

아들의 시합 때도 동의하기 힘든 판정이 난 적이 있다. 0:1로 지고 있는 시합이었는데 우리 팀 타자가 3루 쪽으로 안타를 쳤고, 분명히 그 공이 라인을 밟고 안쪽으로 떨어졌다. 상대 팀 선수도 선 안쪽에 있었고 글러브도 선 안쪽에서 잡았고 이 공을 송구했는데 우리 팀 선수들은 이미 홈에 들어간 상태였다. 그렇게 2:1로 역전해서 이긴 줄 알았는데 심판이 파울이라고 선언해서 결국 진 시합이 있었다. 아쉬웠다. 몇 날 며칠 동안 부모님들 사이에서는 이 시합의 결과가 입에 오르내렸다.

"도현아, 그때 준결승 전에서 우리 팀이 역전할 뻔했잖아. 심판님
 의 판정이 엄마는 틀린 거 같았는데 너는 어떻게 생각해?"

"맞아. 그때 준원이가 친 공, 그거 안으로 들어왔었지."

"주자가 두 명 들어와서 너희 팀이 역전할 수 있었는데 억울하지는
 않았어?"

"아쉽긴 했어. 그런데 엄마."

"응?"

"시합에서 심판님께서 판정을 하시면 우리는 그걸 따라야 해. 정말
 잘못된 거라면 감독님이나 코치님께서 말씀하셨을 거야. 그날 말

씀하지 않으신 이유가 있을 거라고 생각해. 그리고 심판님도 놓치실 수 있어. 사실 나도 그 공이 안쪽에 떨어진 거 봤고, 우리 주자들은 그게 당연히 안타니까 열심히 뛰었거든. 나도 그게 안타였다고 생각해. 그런데 우리 팀이 뛰고 있을 때 심판님이 파울 선언을 하셨고, 우리 팀은 못 봤지만 상대 팀 선수들은 심판님의 선언을 봤기 때문에 아마 감독님께서도 심판님께 아무 말 안 하신 것 같아. 감독님께서 아무 말 안 하셨으니까 심판님 판정을 따르는 게 맞아.”

“아들 좀 멋진데?”

“엄마, 이건 멋진 게 아니라 당연한 거야.”

그날 찍은 영상을 돌려보고 또 돌려보고 엄지랑 검지를 이용해서 화면을 확대한 뒤 라인 안쪽인지 바깥쪽인지 확인했던 내가 좀 민망해지는 순간이었다. 아들은 야구를 참 잘 배우고 있구나.

그 시합 이후, 다른 시합에서 그날 심판 보셨던 분을 마주쳤던 적이 있다.

“리틀야구단 부모님이세요?”

“네.”

"아이들이 참 잘하네요. 특히 아까 숏 보던 선수는 정말 대단했습니다. 아이들의 경기력이 참 좋아요."

"좋게 말씀해 주셔서 감사해요."

"제가 다음 시합 심판을 보게 됐습니다."

"감사합니다."

생각해 보면 아이들의 시합에서 박수도 못 받고 가장 큰 책임을 가지고 경기에 임하는 사람은 감독님도, 선수도 아니다. 심판이다. 심판 입장에서 바라봤을 때, 제일 중요한 건 승패가 아니라 공정함이 아닐까.

리틀야구단의 스트라이크존은 내가 봐도 사실 좀 어렵다. 같은 학년끼리의 시합이라고 해도 아이마다 키 편차도 큰 편이고(그래서 다른 팀에 비해 평균 키가 작은 우리 팀은 늘 스트라이크 판정에 물음표를 날린다. 죄송하다.), 투구도 서투른 편이다. 그만큼 공 하나를 던질 때 담긴 감정의 무게는 훨씬 더 무겁다. 그럼에도 심판은 최선을 다해서 같은 기준을 유지해야 한다. 심판의 판정이 흔들리면 아이들에게 큰 상처가 될 수 있다는 걸 누구보다 잘 알고 있기 때문이다.

심판의 자리는 부모님의 항의, 양 팀 감독진들의 항의, 아이들의 억울한 눈빛까지 견뎌내야 하는 자리다. 심판이 판정 설명을 하는 순간, 판정의 힘은 약해질 수밖에 없다. 어차피 모두를 이해시킬 수는 없는 노릇. 심판님이 일관성을 지키려고 애쓰시는 걸 부모들은 이해한다. 그리고 아이들도 인정한다. 아이들은 결과를 기억하고, 부모들은 장면을 기억한다. 그리고 심판은 규칙을 지키는 모습을 보여준다. 이러한 환경에서 아이들은 억울해도 받아들이는 법, 조금 불리해도 이해하는 법을 배우겠지. 패배에 대한 억울함이 남아있을 수 있지만 심판이 그런 감정까지 책임질 수는 없다. 그런 감정을 어떻게 받아들이고 이겨낼지는 아이들이 배울 필요가 있다.

언젠가 아이들에게 물어봤다. 아무도 보지 않을 때 베이스를 살짝 밟지 않고 지나가고 싶은 유혹을 느낀 적이 있는지. 대답은 한결 같았다.

"네? 당연히 아니요!"

규칙을 지키는 모습을 보여주는 심판님 덕분에 아이들은 규칙 속에서 정직하게 경쟁하는 법을 배운다. 그런 아이들에게 그런 유혹은 아무런 힘을 발휘하지 못한다. 그렇게 아이들은 오늘도 공정함을 배운다.

야구도 수학도
그냥 믿어주시는 게 제일 좋습니다

당연한 이야기지만, 야구단도 실력으로 투수를 선발하고 타자 순서를 정한다. 아들은 투수에 올라갈 일이 거의 없고 타순도 거의 정해져 있는 편이다. 아들이 야구를 시작한 지 오래되었고 다른 아이들에 비해 덩치가 있기는 하지만 힘을 잘 쓸 줄 모른다. 또 눈에 띄는 스타일이거나 성장하는 속도가 빠른 편도 아니라서, 시합에 나온다고 하면 반갑지만 시합에 나오지 않아도 티가 많이 나지 않는다. 이건 엄마인 내 생각이고 냉정하다고 여길 수도 있다. 그냥 메타인지가 뛰어난 엄마인 걸로 해두자.

그랬던 아들이 9살이 되던 해 6월에 선발로 마운드에 올라왔다. 선발은 처음이었다. 점수를 내주지 않고 아웃카운트 3개를 잡을 수 있으면 좋겠다고 생각하며 내가 얼마나 긴장했는지 모른다. 다행히 삼진으로 아웃카운트 2개를 잡고, 하나는 공이 좀 멀리 갔는데 솟이 잡아서 1루로 송구를 성공하여 이닝이 종료되었다. 아들이 타자로 서는 날에도 삼진을 당하거나 잡기 쉬운 뜬공을 치는 편이라 장타는 보기가 힘든데, 이날 아들은 3루타를 쳤다. 시합이 끝나고 집에 가는 길에 "엄마, 나 오늘 잘했지?"라는 말을 5번쯤 들었다.

"오늘 투수할 때 보니까 구속이 많이 빨라졌더라."
"정말?"
"응. 그리고 타자로 섰을 때도 네가 아래쪽으로 잘 쳐서 올렸고, 힘을 잘 쓴 덕분에 장타가 될 수 있었던 것 같더라. 다음 시합에서도 이렇게 하면 되겠어."

시합 내용이 좋을 때는 아들과 대화가 하염없이 이어진다. 하지만 시합 내용도 좋지 않고, 팀이 지기까지 할 때는 대화가 이어지지 않는다. 그다음 시합에서 그랬다. 투수할 때도 잘 못했고, 타

212

자로 섰을 때도 중요한 순간에 타격을 하나도 치지 못했고, 포수
할 때는 감독님이랑 코치님께 혼나기만 하고 왔다.

"너 아까 왜 혼났어?"

"나 안 혼났는데?"

"도현아, 혼난 게 나빠? 혼나면서 배우는거지. 더 나쁜 건 혼났는데
도 왜 혼났는지조차 모르는거야. 왜 혼났는지 잘 생각해 봐."

자녀에게 야구를 시키시는 부모님들이 자주 하는 말이 있다.
시합 끝나고 나서 시합에 대한 이야기를 하지 말라고들 하신다.
그런데 그건 잘하는 선수들 이야기고, 시합 내용이 좋지 않았다면
복기할 것을 해야 하는 게 아닐까? 시합이라는 경험을 하면서 배
우는 것이 있어야 하지 않나? 스스로 뭐가 부족했는지 복기해봐야
다음에 더 잘할 수 있지 않을까?

"엄마가 다시 물어볼게. 아까 정말로 혼나지 않았어?"

"어제보다는 덜 혼났어."

"왜 혼났는지는 알아?"

".."

아들의 오늘 시합 내용이 시원찮았다는 사실보다 뭐 때문에 혼났는지를 제대로 아는지 모르는지 확실치 않다는 사실에 화가 났다. '어련히 알겠지.' 싶다가도 제대로 대답하지 않으니까 '설마 모르는 거 아냐?'라는 생각이 들면서 폐가 간지러운 느낌이 들었다.

얼마 뒤, 아들의 야구단 코치님을 뵙게 되었을 때 코치님께 직접 여쭤봤다.

> "코치님, 도현이가 감독님이랑 다른 코치님께 이번 시합 내내 혼났어요. 도현이한테서 이야기 들으셨을까요? 제가 도현이가 코치님께 혼나는 걸 봤는데, 왜 혼났는지 도현이가 말을 해주지 않다가 감독님과 코치님께서 무슨 말씀을 하셨는지 적어보라고 했더니 적어준 게 이거예요. 도현이가 포수 사인을 몰랐던 것 같아요. 맞나요?"
>
> "네, 어머님. 혼났던 이유가 사인 미스와 적극성 부족이었다고 들었습니다."
>
> "도현이가 그날 왜 혼났는지, 얘가 아는지 모르는지를 제가 몰라서 확인차 여쭤봤습니다."
>
> "어머님, 도현이가 다 압니다. 걱정하지 않으셔도 됩니다. 지금은 혼나가면서 배워가는 시간이에요. 올해 정말 많이 성장했거든요."

"제가 도현이를 위해 어떤 응원을 해주는 것이 좋을까요?"

"자신감을 키워주시는 것이 가장 좋습니다. 잘하라고 말하는 것보
다는 그냥 믿어주시는 게 제일 좋지 않을까요. 매번 보셔서 아시
겠지만, 도현이의 내성적인 성격이 시합에 걸림돌이 되는 순간이
있어요. 그건 언젠가는 깨지거든요. 도현이가 그걸 깨는 순간이
빠르게 오기를 바라봅니다."

내가 그냥 믿어주지 못하고 있었구나. 나름 아들이랑 대화하
는 편이라고 생각했는데, 그게 나의 착각이었구나. 내가 그냥 믿
어주려면 나도 아예 무관심하거나 조금 더 적극적이어야 하겠구
나. 내가 너무 아들에게 이거 해라, 저거 해라, 시키기만 했구나.
내가 보는 야구만 좋아하지 배우는 야구를 잘 알지 못해서 아들에
대한 믿음을 키울 수 없었구나.

내 친구 혜림이의 가족과 함께 여행을 갔을 때였다. 혜림이의
아들 혜준이가 저녁을 먹으면서 식탁에서 수학 문제를 풀고 있는
데, 혜림이가 옆에서 같이 푸는 모습을 본 적 있다. 혜림이는 내가

아들을 수학 학원에 보내면서 볼멘소리를 늘어놓았을 때도 내가 평소에 듣던 말들과는 조금은 다른 답변을 줬었다.

"아니, 아직 어린애들한테 벌써 이렇게 어려운 걸 가르치는 거야? 하나도 못 알아들을 거 같은데?"

"'마방진'? '거꾸로 생각하기'? 애들이 대체적으로 어려워하는 단원도 있고, 애들마다 유독 어려워하는 단원도 있어. 막상 배울 때는 애들이 이걸 나중에 써먹을까 싶은데, 학년이 더 올라가면 그때 배운 개념 덕분에 풀 수 있는 단원이 있어."

혜림이는 도대체 어떤 엄마들을 만나고 어떤 카페에서 이런 정보를 듣고 아는 걸까 하는 생각이 스친 적이 있었다. 그러다가 아들 친구의 어머님과 오랜만에 이런저런 이야기를 하다가

"도현이 어머님, 작년에 같이 여행 다녀오셨던 친구분 있잖아요. 제가 며칠 전에 도서관에 둘째랑 놀러 갔다가 우연히 뵈었어요. 제가 도서관에 들어갈 때부터 수학 문제를 풀고 계셨는데 제가 나올 때까지 풀고 계시더라고요. 제가 그곳에 2시간도 넘게 있었는데, 계속 수학 문제를 푸시더라고요."

생각해 보니 혜림이도 아들을 수학 학원에 보내면서 어떤 부분을 아이들이 대체적으로 어려워하는지, 아들이 어떤 부분을 유난히 어려워하는지, 학원에서 문제를 낼 때 어떤 부분에서 꼬는지, 꼰다면 연산에서 꼬는지, 말장난으로 꼬는지, 다른 개념을 복합적으로 녹여서 꼬는지 등 알고 싶어했던 것 같다. 그걸 알아야 아들과 대화하면서 '이 부분은 아이가 확실하게 알고 있구나.', '이 부분은 아이가 문제 푸는 요령을 알아서 틀리지는 않는데 아직 그 개념을 헷갈리고 있구나.'라는 믿음이 생기는 거겠지. 마치 야구 시합 후에 시합 내용을 복기하듯, 수학 문제를 같이 풀면서 복기하고 있는 거겠지.

부모가 아이의 모든 배움의 과정을 1배속으로 함께 할 수는 없다. 만약 아이와 틀린 문제를 같이 풀어보는 시간, 레슨 시간이나 시합 내용을 같이 복기해 보는 시간, 아이가 모르는 부분이 있으면 찾아서 같이 풀어보는 시간, 학원에서 요구하는 문제 풀이 방식과 아이가 정답을 맞히기 위해 요령껏 푸는 방법을 함께 고민해 보는 시간이 있다면 어떨까. 아이에게 부족한 부분이 무엇인지 같이 파악하고, 아이가 부족한 부분을 아이 대신 채워주기보단 그 부분을 보강하려는 방법을 같이 찾아보는 과정이 있다면, 아이를 그냥 믿어줄 수 있지 않을까. 그게 수학이든, 미술이든, 야구든.

그렇다면 나는 너를 위해 무엇을 할 수 있을까?

부록

―

아는 척하기 좋은
야구 상식 20

1 | 비가 오는 날에는 경기가 취소되나요?

야구는 날씨에 민감한 운동이야. 비, 강풍, 폭염, 안개, 미세먼지, 황사 등이 심하면 경기가 취소될 수 있어. 경기가 취소될 경우, 보통 경기 시작 3시간 전에 취소되어 관중에게 미리 공지돼. 경기 중에 날씨가 악화하는 경우, 심판이 경기를 잠시 중단시키고 상황을 지켜보다가 취소 여부를 결정하지.

2 | 야구장에는 콜라 캔을 가지고 갈 수 없어요?

야구장 규칙상 음료, 음식이 든 캔과 병은 가지고 갈 수 없어. 페트병에 담긴 음료의 경우, 1리터를 넘기는 큰 페트병은 가져갈 수 없지. 그 밖에 아이스박스, 돗자리, 휴대용 의자, 휴대용 테이블도 가져갈 수 없어.

3 | 야구 선수들은 정규 리그 시즌에 몇 번 경기해요?

한국 프로 야구의 경우, 팀마다 144경기씩 치러. 한국 프로 야구의 정규 리그 시즌은 보통 4월에 시작하여 10월에 끝나. 7개월 동안 각 팀은 홈에서 72번, 상대 팀 홈에서 72번을 경기하지.

4 | 포스트 시즌이 뭐예요?

포스트 시즌은 정규 리그 시즌이 끝난 뒤, 상위 5개 팀이 다시 경기를 치르는 걸 말해. 정규 리그 시즌에서 4위, 5위를 한 팀들이 먼저 경기를 치른 뒤, 그중에서 이긴 팀이 3위 팀과 붙지. 여기에서 이긴 팀이 2위 팀과 붙고, 최후 승자가 1위 팀과 경기를 치러.

5 | 심판은 몇 명이 있어요?

한 경기에 4명의 심판이 있어. 경기 전체를 보는 주심과 1루, 2루, 3루를 보는 주심까지 총 4명이야. 포스트 시즌 같은 큰 경기에는 외야에도 심판이 있지.

6 | 한국 프로 야구 구단에는 어떤 팀들이 있어요? 각 팀의 홈은 어디예요?

현재 한국 프로 야구에는 총 10개의 팀이 있어. 대구의 삼성 라이온즈, 부산의 롯데 자이언츠, 대전의 한화 이글스, 광주의 기아 타이거즈, 창원의 NC 다이노스, 수원의 KT 위즈, 인천의 SSG 랜더스가 있지. 서울에는 무려 3개의 팀이 있는데, 두산 베어스, LG 트윈스와 키움 히어로즈가 있어.

7 | 야구 선수들은 경기를 할 때 껌을 씹던데, 왜 씹는 걸까요?

투수의 경우, 공을 던질 때 이를 꽉 다물게 되는데 그때 잇몸이 상하기가 쉬워. 그래서 껌을 물어서 치아를 보호하려고 씹어. 껌을 씹으면 긴장이 풀리고 스트레스가 줄어드는 효과가 있다고 해서 많이들 씹지. 껌 대신 해바라기씨를 씹는 선수들도 있다고 해.

8 | 투수는 어떤 역할을 하나요?

투수는 상대 팀 타자에게 공을 던지는 사람이야. 투수의 목표는 타자가 치기 어려운 공을 던져서 상대 팀이 점수를 내지 못하게 하는 거야. 투수는 마운드에 서서 공을 던지는데, 공을 던지는 방법은 매우 다양해.

9 | 타자는 어떤 역할을 하나요?

타자는 포수 옆에 서서 투수가 던진 공을 방망이로 치는 사람이야. 타자의 목표는 투수가 던진 공을 쳐서 최대한 멀리 보내는 거야. 타자가 공을 멀리 칠수록 주자들이 출루를 할 수 있고 다음 베이스로 갈 수 있거든.

10 | 포수는 어떤 역할을 하나요?

포수는 투수가 던지는 공을 받는 사람이야. 포수와 투수는 같은 팀이지. 포수는 투수의 공을 받기 위해서 튼튼한 보호 장비를 갖추고 타자 옆에 앉아 있어.

11 | 안타가 뭐예요?

타자가 친 공이 1루와 3루 라인 안쪽으로 떨어지고, 그 공을 내야수가 잡아서 1루로 던졌을 때 그 공이 타자보다 늦게 도착하면 안타야. 다시 말하면, 타자 입장에서는 타자가 친 공보다 타자가 먼저 1루로 도착해야 하고, 공 입장에서는 공이 파울이나 아웃이 되지 않고 1루로 타자보다 늦게 도착해야 해. 홈런도 안타에 속하지.

12 | 홈런이 뭐예요?

홈런은 타자가 공을 친 뒤에 한 번에 1루, 2루, 3루까지 통과하여 홈으로 돌아와 점수를 내는 걸 말해. 타자가 홈까지 한 번에 들어오려면 공이 최대한 멀리 나가야겠지? 그렇다고 타자가 친 공이 꼭 담장을 넘어야 하는 것은 아니야. 담장을 넘지 않아도 홈런이 될 수 있어.

13 | 볼넷이 뭐예요?

볼넷은 투수가 던진 공 중에서 스트라이크가 아닌 볼을 4개 골라서 타자가 1루로 나가는 것을 말해. 홈런을 잘 치는 타자가 타석에 서면, 투수는 안타나 홈런을 내주지 않기 위해 일부러 볼넷을 내기도 해.

14 | 풀카운트가 뭐예요?

'볼'과 '스트라이크'의 수를 카운트라고 해. 풀카운트라는 건 3볼, 2스트라이크의 상황을 말해. 타자가 어떤 공을 치는지에 따라서 4볼에 도달하여 경기가 이어질 수도 있고, 3스트라이크에 도달하여 삼진 아웃 될 수도 있지.

15 | 타율이 뭐예요?

타율은 타자가 친 안타 수를 타수로 나눈 값이야. 만약 타자의 타율이 0.312라면, 타자가 공을 1,000번 친 것 중에 안타가 312개 라는 뜻이야. 수가 1에 가까워질수록 타자의 기록이 좋은 거지.

16 | 출루율이 뭐예요?

출루율은 타자가 베이스에 얼마나 많이 나갔는지를 나타내는 숫자야. 타자가 공을 잘 치면 안타나 볼넷이 많이 나오겠지? 많이 나올수록 1루에 많이 나갈거고. 출루율이 높을수록 타자의 기록이 좋다는 걸 의미해.

17 | 포수는 왜 투수에게 손으로 사인을 해요?

포수와 투수는 같은 팀이야. 포수 옆에 서 있는 타자는 상대 팀 이고. 포수와 투수는 호흡을 맞춰서 어떻게든지 타자가 공을 잘 치지 못하도록 해야 해. 포수와 투수의 호흡이 매우 중요하지. 포 수는 타자의 특성을 살핀 뒤, 투수에게 어떤 공을 어떤 순서로 던 질지 손가락 사인을 보내서 의논하는 거야.

18 | 야구 선수가 되려면 어떻게 해야 해요?

한국 프로 야구에서는 매년 신인 선수를 지명해서 뽑아. 이걸 드래프트라고 불러. 고등학교나 대학교 졸업을 앞둔 야구부 선수들이 드래프트 대상이지. 매년 한날한시에 각 구단이 순서대로 돌아가면서 1명씩 신인 선수를 지명해. 신인 선수는 자신을 지명한 구단과만 계약할 수 있고, 그렇게 프로 야구 선수가 될 수 있지. 매년 110명의 선수가 지명되고 있어.

19 | 야구는 어떻게 점수를 내요?

야구에서는 타자 한 명이 1루, 2루, 3루를 거쳐서 원래 서 있는 홈으로 돌아오면 1점이 나와. 점수를 내려면 반드시 홈에서 홈으로 돌아와야 하지. 타자가 속한 공격팀은 공을 잘 쳐서 1루, 2루, 3루까지 공보다 먼저 도착해야 하고, 투수와 포수가 속한 수비팀은 최대한 공격팀이 1점을 내기 전에 3아웃을 당하도록 해야 해.

20 | 야구는 한 번에 몇 점까지 낼 수 있어요?

야구는 한 번에 최대 4점까지 가능해. 1루, 2루, 3루 주자가 가득 차 있는 상태에서 타자가 홈런을 치거나 안타를 쳐서 모든 주자가 홈으로 들어오면, 한 번에 4점이 나지. 그래서 역전이 충분히 가능하고, "끝날 때까지 끝난 게 아니다."라는 명언이 나올 수 있었던 거야.

야구장에 가기 전에 알아두면 좋은 야구 용어

이닝 야구에서 한 회를 이르는 말.

KBO Korea Baseball Organization의 약자. 한국야구위원회. 우리 나라의 프로 야구를 총괄하는 기구.

메이저리그 미국 프로 야구 연맹의 최상위 두 리그를 이르는 말.

월드시리즈 메이저리그의 최종 우승 팀을 가리는 경기를 이르는 말.

라인업 경기 시작 전에 정하는 선수들의 타격 순서를 이르는 말. 타자의 공을 치는 순서와 수비수의 위치가 함께 적혀 있다. 이닝이 바뀌어도 타격 순서는 바뀌지 않는다.

타순 공을 치는 선수의 차례를 이르는 말.

야수 내야수와 외야수를 통틀어 이르는 말. 수비수를 가리킨다.

타격 타자가 방망이로 공을 치는 것을 이르는 말.

출루 타자가 1루로 베이스에 살아 나가는 것을 이르는 말.

주자 1루, 2루, 3루에 나가 있는 사람을 이르는 말. '루'는 '베이스'를 가리킨다.

진루 주자가 다음 베이스로 나가는 것을 이르는 말.

도루 주자가 수비가 허술한 틈을 타서 다음 베이스로 나가는 것을 이르는 말.

등판 투수가 경기하려고 마운드에 오르는 것을 이르는 말.

마운드 투수가 공을 던지기 위해 서는 곳을 이르는 말. 흙을 쌓아 올려 불룩하게 솟아있다.

투구 투수가 타자에게 공을 던지는 것을 이르는 말.

만루 홈을 제외한 1루, 2루, 3루에 주자가 모두 있는 상태를 이르는 말.

송구 수비수가 공을 잡아서 같은 팀 선수에게 공을 보내는 일을 이르는 말.

슬라이딩 수비가 공을 잡으려고 하거나 주자가 베이스에 빨리 도착하려고 몸을 던지는 일을 말한다.

아웃 수비가 타자나 주자를 잡으면 1아웃이다. 한 이닝에 3아웃이면 공격이 종료된다.

삼진 투수가 스트라이크를 3번 던져서 타자를 아웃시키는 것을 이르는 말.

볼 투수가 던진 공이 스트라이크가 되지 않고, 타자가 그 공을 치지 않았을 때 주어지는 판정이다. 볼이 4개가 되면 타자는 1루로 출루할 수 있다.

몸에 맞는 공 투수가 던진 공이 타자의 몸에 닿는 일을 이르는 말. 이때 타자는 자동으로 1루로 출루한다.

홈 스틸 주자가 홈 베이스로 도루하는 것을 이르는 말.

더블 스틸 두 주자가 동시에 도루하는 것을 이르는 말.

라이너 타자가 친 공이 일직선으로 쭉 날아가는 것을 이르는 말.

병살타 두 주자를 한꺼번에 아웃시키는 일을 이르는 말.

내야 땅볼 타자가 친 공이 내야에서 땅에 떨어져 아웃 당하는 일을 이르는 말.

그렇다면 나는 너를 위해 무엇을 할 수 있을까?

육아휴직의 피날레로 새로운 환경에 살아보기로 했다. 학원도 없고 배달도 안 되고 온라인으로 편하게 장도 볼 수 없고 와이파이도 안되어서 데이터도 마음대로 쓸 수 없는 곳으로. 아들이랑 둘이서.

부족함이 보일 때는 그 부족함을 채우기 위해 애쓰면 된다. 취업을 준비하던 시절에는 간절함이 부족해 보인다고 하여, 부족해 보이는 간절함을 채웠다. 평생을 시키는 것만 잘하면서 살다가 사

231

회에 나가서 연애할 나이가 되어보니, 상대를 존중하는 것이 어려워서 내가 존중하고 존경할 수 있는 사람과 연애하며 부족함을 채웠다.

20대 때부터 시작된 야구를 좋아하는 마음이 아들에게도 전달되어 태교부터 육아까지 함께하고 있다. 그러다 보니 내 눈에는 아들의 야구 실력에 부족함이 보이고는 한다. 달리기도 조금 더 빨랐으면 좋겠고, 앉았다가 일어서는 속도도 조금 더 빨랐으면 좋겠다. 자기가 가지고 있는 힘의 전력을 어떻게 쓰는지와 어떻게 하면 힘을 아끼는지도 배우면 좋겠다. 타격할 때는 공의 사분면 아래쪽에서 위쪽으로 올려치는 연습을 하면 장타가 더 잘 나오지 않을까. 부족함은 배움으로 채우면 된다.

그렇다면 넘치는 것은? 넘치는 것은 어떻게 해야 할까. 넘치는 스펙을 더하는 건 쉽지만 반대로 덜어내는 건 참 어려운 일이다. '내가 어떻게 이뤘는데. 덜어낼 수는 없지.'라는 생각에.

넘치는 매력을 숨길 수 없듯 넘치는 편리함을 맛본 뒤에는 그 편리함 없이 살 수 없다. 내가 아직도 오늘 주문하면 내일 도착하는 사이트에 가입하지 않은 이유는 그 편리함에 익숙해질수록 지는 느낌이 들고 자존심이 상하는 느낌이 들어서다. 그렇다면 무음의 구간을 다 잘라내고 지루한 과정을 삭제하고 영광의 순간만을 편집하여 15초로 압축하는 쇼츠는 어떠한가? 이 짧은 순간이 제공하는 도파민을 맛본 뒤에는 1배속의 일상은 지루해서 견딜 수가 없어진다. 드라마나 영화도 15분짜리 요약본으로 보는 것이 익숙한 세상에 살게 된 것이다.

세상이 그렇게 변한다면 순응해서 살아야겠지만, 아들이 불편함과 부족함을 모르고 성인이 된다고 생각하니 오답을 고르는 느낌이 들었다. 그렇다고 인생을 더 농도 있게 만들기 위해서 억지로 찢어지게 가난하게 사는 사람이 없듯, 불편함과 부족함을 억지로 알려주기로 마음먹기도 쉽지 않았다. 하지만 결국 마음을 먹었다. 지금이 아니면, 사춘기로 아들과 내가 멀어진다면, 언젠가 아들이 독립한다면, 그때는 내가 이런 것들을 알려주고 싶어도 그럴 수 없을 테니까. 알려줘도 받아들이지 않을 테니까.

매일 새벽에 일어나 도시락을 싸고 아침을 차린다. 차로 20분 걸리는 학교에 직접 등교를 해주고 마트에 가서 장을 보고 청소기를 돌리고 설거지를 한다. 이곳에 오기 전에는 아들이 학교에서 어떤 걸 배웠는지 같이 봐줄 틈도 없이 하교하고 학원 데려다주고 데리러 가고 간식 먹이고 저녁 먹는 것만 신경 썼었다. 이곳에 온 뒤로는 아들과 하교하면서 오늘은 어떤 친구랑 어떤 대화를 했는지, 숙제는 있는지, 오후에 하고 싶은 일이나 저녁으로 먹고 싶은 건 뭔지 물어본다. 밤 10시부터 자라고 잔소리를 해도 졸리지 않는다고 자지 않더니, 요즘 아들은 8시만 넘으면 졸려서 잔다. 아침에 일어나자마자 아빠 스마트폰으로 인터넷을 검색하거나 OTT로 《최강야구》《야구 여왕》을 보던 애가 책을 읽기 시작했다. 처음에는 만화책을 읽더니 요즘에는 학교에서 책을 빌려와서 읽기도 한다. 여럿이 있을 때 한 명만 스마트폰을 봐도 모두가 다 같이 스마트폰을 보게 되는데, 이곳에는 아무도 스마트폰을 보는 사람이 없으니 책을 읽던지, 그림을 그리던지, 술래잡기를 하거나 숨바꼭질을 한다. 촌스럽다면 촌스럽지만 내가 어렸을 때 하던 놀이를 아들도 경험하고 있다.

언젠가 야구 중계를 같이 보는데 아이가 계속 채널을 돌리면서 집중하지 못하는 날이 있었다.

"너 왜 자꾸 채널 돌려? LG 트윈스 시합을 보지 않을 테면 두산 베
   어스 시합 틀어줘."
"엄마, 하이라이트는 언제 나와? 나 하이라이트로 보고 싶어."

뒤통수를 한 대 크게 맞은 느낌이었다. 아들은 야구를 좋아하
면서도 1회 초부터 9회 말까지 1배속으로 보는 것보다 15분짜리 하
이라이트가 제공하는 도파민의 맛을 알게 되었구나. 나중에 나랑
10분 이상 대화도 못하게 되는 거 아닐까? 해야 할 말 있을 때 방
에서 나한테 카톡으로 문자 보내면 어쩌지? 야구장도 같이 안 간
다고 하는 거 아닐까?

누군가에게는 별일 아닐 수 있어도 나에게는 굉장히 기억에 남
는 순간이었다. 그때부터 야구 하이라이트는 특정한 시간에만 보
기로 하고 최선을 다해 직관을 가려고 노력했다. 그리고 아들이
어느 날 "엄마, 나 야구장 가고 싶어."라고 할 때, 속으로 쾌재를 불
렀다.

며칠 전, 둘이 수영장에서 캐치볼을 하면서 수다를 떨었다.

"엄마, 그런데 내가 야구를 하지 않으면 어떻게 되는 거야?"
"어? 야구를 안 하고 싶어?"
"야구가 좋은데 야구 선수 말고 야구 코치님이 되고 싶어."
"야구 선수를 안 하고 바로 야구 코치님이 될 수 있어?"
"그건 안 되겠지?"

"아무래도 어렵지 않을까? 그런데 네가 야구를 좋아한다고 해서 꼭 야구 선수가 될 필요는 없어. 야구를 좋아하기만 해도 행복하지 않아? 혹시 야구 선수 말고 다른 꿈은 꿔본 적 없어?"

"있지. 야구 선수가 안된다면 사육사가 되고 싶어."
"동물들은 너랑 말도 안 통하고 너의 말을 듣지도 않을 텐데 괜찮
   겠어?"
"응, 난 좋아."

그동안 아들의 부족함이 보이면 그 부족함을 채우려고만 했지, 아들의 마음에서 덜어내야 하는 것도 있다는 걸 전혀 생각하지 못

했다. 아들은 어쩌면 엄마, 아빠가 야구를 좋아하니까, 나도 야구를 좋아하니까, 나도 야구를 하니까, 그렇다면 나의 꿈은 야구 선수여야 한다고 생각했던 건 아닌지. 아들이 매일 야구를 하다가 막상 일상에서 야구를 덜어내고 나니 스스로 마음을 스스로 들여다 볼 수 있었던 것 같았다. 내가 너무 부족함이 없이 키웠구나. 너무 채우려고만 했구나.

오랫동안 야구를 보며 나는 많은 것을 배웠다. 같은 팀을 응원하는 소속감, 승리의 기쁨, 패배의 슬픔, 에러의 분노, 무승부의 아쉬움, 느림의 미학, 기다림의 소중함까지.

홈런 한 방으로 멋지게 해결하고 싶었던 취업준비생의 마음을 버리고 번트로, 1루타로, 도루로 하나씩 풀어나가는 방법을 배웠다. 정말 끝이 보이지 않고 방법이 보이지 않아서 포기하고 싶었던 일들도 끝날 때까지 끝난 게 아닌 야구 시합을 직관하며 마음을 가다듬었다. 잔루 만루의 아쉬움을 뒤로하고 훌훌 털어내고 다음 이닝을 준비하는 법도 배웠고, 가끔은 9회 말 2아웃 풀카운트의 긴장감을 느끼면서 나 또한 참 많이 성장했다.

AI가 완벽한 글을 써주고 틀린 말도 진실처럼 알려주고 불필요한 시간은 모두 편집하고 압축해서 효율적으로 살아가는 요즘. 이토록 비효율적인 야구 때문에 대충 수습한 일도 참 많았다. 이 책을 쓰면서 옛 감정들을 되돌아볼 수 있어 참 좋았다.

언젠가 아들 코치님이 이런 이야기를 하셨다. "어머님, 저는 도현이가 야구와 평생 함께할 거라고 생각해요." 어디서부터 잘못된 건지 알 수 없고 풀리지 않는 매듭 같았던 시기, 나에게 구원투수처럼 등장했던 야구가 아들 인생에도 평생 함께한다고 생각하니 끝내기 승리를 함께 한 기분이다.

도현아, 너의 사춘기가 우리를 갈라놓아도, 내가 정신 못 차리고 다시 너의 부족함을 채우려고 할 때도, 야구가 우리를 구원해줄 거라 믿는다. 내 인생에 야구가 있고, 너의 인생에 야구가 있으니까. 믿어도 되지?

p. s. 그리고 감사한 분들.

내 일기 속 야구 이야기를 책으로 탄생 시켜준 해자언니, 감사합니다.

나랑 같이 야구장 다녀준 친구들, 혜리, 혜림이, 혜진이, 고마워.

아들이 정말 좋아하는 이정인 코치님, 서초구 반포 리틀야구단

신현호 코치님, 박상하 감독님, 감사드립니다. 아들의 첫 코치님, 오수현 코치님도 감사드립니다.

좋은 사람들이 만나서 좋은 사람들을 낳고 그래서 좋은 사람 범벅인 곳에서 좋은 사람끼리 또 만나고 서로에게 좋은 사람인 곳, 야구단 부모님들 모두 감사드립니다. 특별히 야구책 쓴다고 흔쾌히 아이들 인터뷰 해주신 부모님들 감사드립니다. 시헌이 어머님, 현호 어머님, 지후 어머님, 재준이 어머님, 민우 아버님, 수호 어머님, 중기·중우 부모님, 주안이 어머님, 시형이 부모님, 준성이 부모님, 현성이 어머님, 준원이 부모님, 우빈·수빈이 부모님, 수혁이 어머님, 서준이 어머님, 시우 아버님 감사드립니다. 그리고 시환이도 고마워.

늘 든든한 우리 남편도 고마워.

하루에도 몇 번씩 엄마랑 티격태격하지만 세상에서 가장 사랑하는 아들 도현아, 제일 많이 고맙다.

감사합니다.